AF452730

1919 (ca)

Sangnier, commandant Marc

Conférences aux soldats sur le front

Commandant **MARC SANGNIER**

Conférences
aux soldats
sur le front

Prix : 2 francs
Majoration : 30 0/0

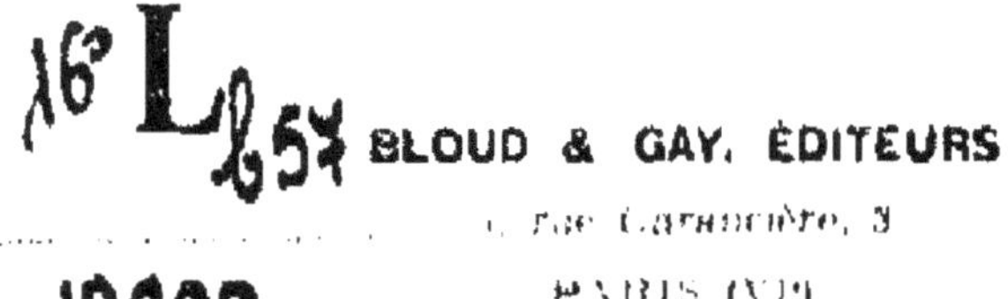

BLOUD & GAY, ÉDITEURS
, rue Garancière, 3
PARIS (VIe)

Conférences
aux soldats
sur le front

Commandant **MARC SANGNIER**

Conférences aux soldats sur le front

Prix : 2 francs
Majoration : 30 0/0

BLOUD & GAY, ÉDITEURS
3, rue Garancière, 3
PARIS (VI)

Le commandant MARC SANGNIER

AVERTISSEMENT

Marc Sangnier a été mobilisé à Langres dès le 3 août 1914. Envoyé presque aussitôt sur le front, il fut fait capitaine sur le champ de bataille le 25 mars 1915.

En juillet 1916, après avoir passé sans interruption dix-huit mois en première ligne comme capitaine commandant la 8/3 T du génie, Marc Sangnier fut investi par le gouvernement français d'une importante mission en Italie et sur le front italien. Rentré en France, il fut chargé pendant quelques semaines, à Versailles, de l'instruction des jeunes recrues de la classe 18 appelées sous les drapeaux au 1ᵉʳ génie. Il reprit ensuite sa place au front et commanda la 15/3 T du génie.

Quelque temps avant l'armistice, il fut chargé par le Ministère de la Guerre et le

Grand Quartier Général de faire, dans la zône des armées, presque sur toute la longueur de la ligne de bataille tenue par les troupes françaises, des conférences de propagande patriotique et morale. C'étaient tantôt de simples et fraternelles causeries aux « poilus » montant en relève, et tantôt de grandes conférences sous la présidence des généraux ou des officiers supérieurs.

Nous reproduisons dans cette brochure deux des principales conférences — conférences-types en quelque façon — qu'il prononça devant les auditoires militaires. Ces discours du front sont les seuls qu'il donna durant la guerre, Marc Sangnier s'étant imposé, pendant près de cinq années, au point de vue de l'action publique, une consigne de silence absolue pour se consacrer tout entier à ses devoirs de soldat.

Nous ne doutons pas que le lecteur ne parcoure avec un vif intérêt ces pages pleines d'idées et d'arguments qui, présentés avec simplicité, sans apparat, mais par la chaude et prenante éloquence de l'orateur, contribuèrent très efficacement à maintenir le moral de milliers et de milliers de combattants de la grande guerre.

Marc Sangnier a été décoré de la croix de guerre, fait chevalier de la Légion d'honneur et cité à l'ordre du jour dans les termes suivants : « Officier d'une compétence technique et d'un courage éprouvés qui a dirigé, avec le plus grand zèle, pendant dix-huit mois, des organisations défensives sur les premières lignes en divers points du front ».

Marc Sangnier a été également nommé chef de bataillon du génie. Il avait été mobilisé comme lieutenant.

Les Editeurs.

Pourquoi la France se bat

JUILLET 1918

1

*« Il s'agit d'une lutte entre
deux conceptions du monde. »*
GUILLAUME II, 10 juin 1918).

MES CHERS AMIS,

Vous vous étonnez peut-être qu'en pleine bataille, lorsque, sur tout le front, le canon tonne et les mitrailleuses crépitent, le ministère de la Guerre ait pris l'initiative d'organiser des conférences. Plus d'un, sans doute, parmi vous, doit se dire : « C'est aujourd'hui l'heure de se battre, non de parler. Toute parole est maintenant inutile et vaine. Après la victoire, on aura bien le temps de faire des discours. »

Je crois cependant que c'est là un point de vue injuste et faux et que, si l'on prend la peine de réfléchir, on s'apercevra aisément que jamais, sans doute, il n'a été plus opportun, plus nécessaire de parler.

C'est qu'en effet la guerre d'aujourd'hui

ne ressemble nullement aux guerres d'autrefois. Ce ne sont plus seulement des armées qui se battent, ce sont, en vérité, des nations entières.

Naguère, lorsqu'un conflit violent venait à diviser les peuples, les souverains recouraient à la force des armes pour la résoudre ; mais ils se contentaient alors, sans que, pour cela, la vie du reste de la nation fût arrêtée, d'envoyer se battre leurs armées permanentes. Les gladiateurs qu'ils jetaient ainsi les uns contre les autres se disputaient entre eux la victoire et le travail des diplomates venait ensuite traduire en protocoles de traités cette sorte de « jugement de Dieu ».

Certes, de nos jours, il n'en va plus de même. Les peuples entiers se heurtent avec toutes leurs ressources militaires, économiques, intellectuelles et morales. C'est une bataille d'idées au moins autant qu'une bataille d'armes. Jamais peut-être il n'est apparu plus clairement que deux principes étaient aux prises en un duel à mort, si exclusifs l'un de l'autre qu'il faut bien qu'une doctrine triomphe et que l'autre soit écrasée.

Le Kaiser, lui-même, d'ailleurs, n'a pas craint de l'affirmer nettement dans le toast qu'il portait au maréchal Hindenburg, le 16 juin 1918, au cours du banquet organisé à l'occasion du 30° anniversaire de son règne ; Guillaume II explique que, dès le début de la guerre, il savait très bien « qu'il ne s'agissait pas d'une campagne stratégique, mais d'une lutte entre deux conceptions du monde ». Et il conclut ainsi :

« La victoire de la conception allemande du monde, voilà ce qui est en jeu. »

Dès lors, mes chers amis, comment ne serait-il pas de la plus impérieuse nécessité que chacun de vous, pour que sa volonté demeure intacte et son ardeur entière, sache exactement pourquoi il se bat et quel est l'enjeu de cette lutte gigantesque, telle que le monde, depuis qu'il existe, n'en a connue d'aussi universelle ?

Celui que l'histoire désigne sous le nom du grand Frédéric et que nous pouvons à bon droit considérer comme l'un des premiers créateurs du militarisme prussien écrivait, il y a plusieurs siècles déjà, à l'un de ses amis à propos de ses soldats :

« Vous voyez tous ces hommes : chacun

pris isolément ne peut pas faire autrement que de me haïr. Une fois dans le rang, quand ils savent que, derrière eux, se tient le feldwebel armé de son bâton, ils tremblent devant moi et me défendraient eux-mêmes contre les assassins.

« Mais, ce qui est plus fort, je n'ai qu'à commander et ils voleront au feu et ils donneront leur vie pour moi sans réflexion, car ils ignorent jusqu'au but de la guerre, seulement ils nous croient, moi et mes caporaux, quand nous leurs disons qu'ils doivent mourir pour moi. Et comment ai-je obtenu ce résultat en premier lieu ? à l'aide du bâton. »

Et le même Frédéric passant un jour une revue en compagnie d'un gentilhomme français demandait à celui-ci :

« Dites-moi ce que vous admirez le plus dans mon armée. »

Le Français insistant sur la belle prestance des grenadiers, l'impeccable alignement des bataillons, l'ordre remarquable de leurs mouvements, le roi l'interrompit :

« Non, ce qu'il y a de plus admirable ici, je vais vous le dire. Nous sommes seuls, armés chacun d'une misérable petite épée de parade, devant 20.000 gaillards armés de mousquets, de sabres, de lances, de pistolets et ayant chacun au moins une tête de plus que nous... Il n'est pas un de ces hommes qui, bâtonné par mon ordre, ne m'ait maudit cent fois... Le meilleur d'entre eux, je ne voudrais pas le rencontrer au coin d'un bois, n'eût-il que ses poings pour m'assommer ; ils sont 20.000 ici armés jusqu'aux dents, et ils ont peur de moi... En vérité, Monsieur, voilà ce que je trouve admirable. »

Eh bien, mes chers amis, quel Français accepterait, sans renier du même coup la fierté de sa race, de ressembler aux soldats du grand Frédéric ? Qui donc parmi vous, produit docile d'un savant dressage qui assouplit les corps sans toucher à l'esprit, accepterait d'aller au combat sans comprendre la cause du sacrifice sanglant qu'on demande peut-être de lui, sans savoir même « pourquoi il se bat » ?

Ne craignez rien, je ne suis pas venu à vous pour vous « bourrer le crâne », ainsi que s'expriment communément les « poilus ». J'ai simplement l'intention de vous rapporter quelques faits, de vous citer quelques textes, de vous présenter quelques réflexions, sans aucun inutile accompagnement d'un fatras oratoire, aussi vain que déplacé. Vous conclurez vous-mêmes ; je m'en remets au bon sens et à la conscience de chacun de vous. Je m'adresse à vous simplement et fraternellement comme un camarade à ses camarades de combat ; cela vaut mieux ainsi.

Soyez certains, au demeurant, que je me garderai bien d'employer ce que le président Wilson désignait, dans son vigoureux discours de Baltimore, par ces mots si puissamment vrais : « le langage faible de la haine et de la vengeance. » La cause de la France n'est-elle pas, par elle-même, assez évidemment juste pour que, recourir à de si pitoyables violences de langage, ce ne soit d'abord l'affaiblir et la déshonorer ?

LE SYSTEME ALLEMAND : LES FAITS

Deux doctrines, vous ai-je dit, sont aujourd'hui en présence, deux systèmes qui se font la guerre : d'un côté, l'Allemagne et les nations asservies qu'elle traîne à sa suite, de l'autre, la France et ses alliées.

Mais il ne suffit pas ici d'affirmer, il faut prouver ; mon dessein est donc de faire nettement apparaître quel danger véritable la toute-puissance allemande serait pour le monde et comment les ennemis de l'Allemagne travaillent vraiment pour la liberté des peuples et le respect de la justice internationale.

J'ai trouvé, dans un vieux texte de Thucydide, une phrase dont le sens prophétique a retenu mon attention ; le vieil historien qui, à coup sûr, ne se doutait pas qu'il y aurait jamais une Prusse et un empire d'Allemagne, s'exprime en parlant des ennemis de son peuple, — cette Grèce antique, libre et spirituelle, dont l'esprit est, en somme par tant de côtés, si voisin du nôtre, — en des termes qui semblent, à bien des siècles de distance, stigmatiser fort exactement la nation de proie qui nous combat :

« Pleins d'une présomptueuse confiance dans l'avenir, tout gonflés d'espérances supérieures à leur puissance, mais inférieures encore à leurs désirs, ils ont pris les armes et préféré la force à la justice. »

« Préférer la force à la justice » : n'est-ce donc pas là la devise même de la puissance dont la « présomptueuse confiance » a entraîné le monde dans la catastrophe où il se débat depuis quatre ans, ne craignant pas, pour essayer d'établir sa domination, de condamner à mort quiconque avait la prétention de demeurer libre ?

Cette théorie allemande de la force, nous la voyons confirmée par les faits de la guerre, puis par les faits antérieurs à la guerre ; enfin les doctrines des penseurs, des légistes, des hommes d'Etat et des souverains allemands forment, depuis longtemps, un système convergent dont la menace devait finir par éclater, aboutissant au crime qui ensanglante aujourd'hui le monde.

D'abord, il faut que l'on sache bien, que l'on se souvienne toujours que ce n'est pas la France qui a déclaré la guerre, que ce n'est pas la France qui a voulu la guerre. La France a tout fait, au contraire, pour l'empêcher, avec une évidente et persévérante bonne volonté pacifique, un véritable entêtement de paix.

Lorsqu'après le meurtre de Sarajevo, l'Autriche-Hongrie entendit punir la Serbie tout entière, qu'elle rendait responsable de l'assassinat de l'Archiduc François-Ferdinand, et posa au gouvernement de Belgrade un ultimatum vraiment inacceptable, puisqu'il ne tendait à rien moins qu'à exproprier en quelque sorte de son pouvoir judiciaire le gouvernement serbe, la France et l'Angleterre usèrent de toute leur influence, avec instance, pour empêcher le conflit d'aboutir à une rupture définitive. Ces conseils ne furent pas vains, puisque la Serbie accepta, en somme, toutes les clauses de l'ultimatum. L'Autriche-Hongrie, dans l'article cinquième de sa note, requérait la Serbie, — et c'était là une prétention absolument exorbitante, — « d'accepter la collaboration des organes de la monarchie impériale et royale dans la suppression du mouvement subversif dirigé contre l'intégrité territoriale de la Monarchie ». La Serbie, en face d'une prétention aussi invraisemblable et qui ne tendait à rien moins qu'à en faire une vassale de la double monarchie, tout en formulant quelques timides réserves, répondait cependant avec le plus remarquable esprit de modération que si elle « ne se rendait pas clairement compte du sens et de la portée de cette demande », elle n'en déclarait pas moins « admettre toute collaboration qui répondrait aux principes du droit international et à la procédure criminelle ainsi qu'aux bons rapports de voisinage ». Enfin, dans le cas où l'Autriche ne serait pas pleinement satisfaite, « le gouvernement royal serbe », « considérant qu'il est de l'intérêt commun de ne pas précipiter la solution de cette question », se déclarait « prêt comme toujours à accepter une entente pacifique, en remettant cette question soit à la décision du tribunal international de La Haye, soit aux grandes puissances ».

On sait que l'Autriche elle-même finissait par ne pas se montrer rebelle aux conseils de modération, lorsqu'en présence d'un commencement de mobilisation russe, et alors cependant qu'il était bien connu de tous qu'une mobilisation, dans l'état actuel de l'Empire des tsars, exigeait de longs mois, l'Allemagne, brusquant les choses, déclara la guerre à la Russie, puis à la France.

Ai-je besoin de rappeler l'inanité des prétextes mis en avant par l'Allemagne pour nous attaquer, par exemple ce prétendu bombardement par avions de Nuremberg que le bourgmestre de Nuremberg lui-même devait désavouer ensuite ? Le bourgmestre ajoutait que le général commandant le IIIe corps bavarois n'avait, d'ailleurs, eu connaissance de cet attentat que par les journaux du 2 août 1914.

Le gouvernement français, pour éviter tout incident de frontière et pour faire éclater aux yeux de tous sa volonté pacifique, avait, du reste, donné l'ordre de retirer toutes les troupes françaises à 8 ou 10 kilomètres de la frontière, montrant par là, en ne craignant pas un désavantage initial au point de vue militaire, qu'il était loin d'avoir encore renoncé à cet espoir de paix !

Au reste, est-il besoin d'insister sur le sentiment pacifique de la France ? Depuis près de cinquante ans, n'avions-nous pas des raisons légitimes de chercher dans la guerre un moyen suprême de réparer l'injustice dont nous avions été victimes en 1871, et l'Allemagne n'avait-elle pas semblé avoir vraiment à cœur depuis lors, par des provocations ou des maladresses, de froisser notre sentiment national ? Qu'il me suffise de rappeler ici l'affaire d'Agadir et cette prétention, couronnée d'ailleurs de succès, d'obtenir de nous, en pleine paix, la cession d'une partie de notre territoire colonial du Congo. Non, vraiment, jamais peut-être nation n'a affirmé par les faits, d'une façon plus irréfutable que la nôtre, sa volonté persévérante d'éviter, alors même qu'elle aurait eu sans doute de justes raisons d'y recourir, une guerre dont elle prévoyait les conséquences mondiales. Certes, nous avons le droit, Français, en même temps que d'être fiers du courage et de l'endurance invincible de nos soldats, de nous rendre cette justice que la responsabilité du crime de la guerre actuelle ne pèse pas sur notre conscience, que nos mains sont pures du sang versé. Le Kaiser a beau répéter, parmi l'horreur des champs de carnage : « Non, je n'ai jamais voulu cela », sans que nous ayons besoin de savoir si, personnellement, Guillaume II voulait *cette* guerre (à coup sûr, il en eût préféré une autre qui lui eût permis de vaincre ses ennemis successivement et il se fût même, sans aucun doute, contenté de les dévorer par persuasion), ce que nous pouvons en toute sécurité affirmer, c'est, non seulement que la déclaration de guerre est venue de l'Allemagne, mais, ce qui est plus sérieux encore, que c'est la soif de conquête de l'Allemagne, son militarisme effréné, sa volonté de dominer *par tous les moyens* qui ont rendu la guerre tôt ou tard inévitable et en ont fatalement imposé toutes les horreurs au monde.

Les récents aveux du prince Lichnowsky (1) et bien d'autres encore sont venus confirmer que l'Allemagne considérait la guerre comme nécessaire et avait tout préparé en vue de son imminente déclaration ; mais qu'avions-nous besoin de preuves pour savoir quel était le fruit fatal de la doctrine et de la pratique allemande ? En-

(1) Nous reproduirons seulement ici la conclusion du Mémoire du Prince Lichnowsky, ambassadeur d'Allemagne à Londres :

« Toutes les publications officielles (sans être contredites par notre *Livre Blanc*, qui, par ses insuffisances et ses lacunes, constitue un grave réquisitoire contre nous-mêmes) concourent à démontrer les faits suivants :

« 1° Nous avons encouragé le comte Berchtold à attaquer la Serbie, bien qu'il n'y eût pas d'intérêt allemand en jeu, et bien que nous dussions savoir que c'était courir le risque d'une guerre universelle (que nous ayons connu ou non le texte de l'ultimatum, la question n'a aucune importance).

« 2° Dans la période du 23 au 30 juillet 1914, alors que M. Sazonov affirmait énergiquement qu'il ne pourrait tolérer une agression dirigée contre la Serbie, nous avons refusé la proposition anglaise de médiation, bien que la Serbie, sous la pression de la Russie et de l'Angleterre, eût accepté presque en entier l'ultimatum autrichien, bien qu'il fût facile d'arriver à un accord sur les deux points en litige, et bien que le comte Berchtold fût prêt à se déclarer satisfait de la réponse serbe.

« 3° Le 30 juillet, alors que le comte Berchtold

fin, si quelque pacifiste obstiné ne craignait pas de se demander ce qui serait arrivé si nous avions, malgré la tension diplomatique européenne, accepté de ne pas mobiliser et de rester neutres au prix d'une trahison envers la Russie, il sait maintenant ce que l'Allemagne eût exigé de nous comme prix de cette humiliante neutralité : la

voulait changer d'attitude, et sans que l'Autriche fût attaquée, nous avons, à propos de la mobilisation pure et simple de l'armée russe, envoyé un ultimatum à Pétrograd ; et le 31 juillet, nous avons déclaré la guerre à la Russie, bien que le tsar eût donné sa parole qu'il ne ferait pas avancer un seul homme tant que les pourparlers se poursuivraient; nous avons ainsi réduit à néant, délibérément, toute chance de règlement pacifique du conflit.

« En présence de ces faits incontestables, il n'est pas étonnant qu'en dehors de l'Allemagne, le monde civilisé tout entier nous impute, à nous seuls, la responsabilité de la guerre universelle. »

Reproduisons aussi un extrait d'une lettre datée de Berne, 7 mai 1917, et que le Dr Wilhem Muehlon adressait à M. Bethmann-Hollweg :

« Mais depuis les premiers jours de 1917 j'ai renoncé à tout espoir en ce qui concerne les dirigeants actuels de l'Allemagne. L'offre de paix sans indication des buts de guerre, la guerre sous-marine renforcée, les déportations de Belges, les destructions systématiques en France, le torpillage de navires-hôpitaux anglais ont tellement déconsidéré

cession de Toul et de Verdun pendant toute
la durée des hostilités !...

Cette guerre, nous ne l'avons pas voulue,
la force nous l'a imposée, la France a le
droit de le proclamer à la face du monde
et devant l'histoire. Quelle raison meilleure
de combattre, le cœur tranquille et la conscience en paix !

les gouvernants de l'empire que j'ai la conviction
profonde qu'ils sont disqualifiés à jamais pour éla-
borer et conclure une entente juste et sincère. Ils
peuvent se modifier personnellement, mais ils ne
peuvent plus rester les représentants de la cause
allemande. Le peuple allemand ne pourra réparer
les lourds péchés commis contre son propre présent et son avenir, contre celui de l'Europe et de
l'humanité tout entière, que lorsqu'il sera représenté par des hommes autres et d'une mentalité
autre. A vrai dire, il n'est que juste que sa répu-
tation dans le monde entier soit aussi mauvaise,
le triomphe de sa méthode, celle d'après laquelle
il a mené militairement et politiquement la guerre,
constituerait une défaite des idées et des espoirs
suprêmes de l'humanité. On n'a qu'à supposer
qu'un peuple épuisé, démoralisé, ou détestant la
violence, consente à la paix avec un gouvernement
qui a mené une telle guerre pour se rendre compte
et reconnaître combien le niveau et les chances de
la vie des peuples resteraient trompeurs et som-
bres. »

La paix de Brest-Litovsk ne devait-elle pas jus-
tement vérifier ces douloureuses prévisions ?

Non contente d'avoir provoqué le conflit, l'Allemagne, du premier coup, devait montrer *quelle* guerre elle entendait faire.

Il eût semblé naturel qu'ayant déclaré la guerre à la Russie et à la France, elle portât le premier effort de ses armes contre ces deux pays. En juger ainsi, c'était mal la connaître. Son premier acte fut de se ruer sur une petite nation dont la sécurité reposait sur la bonne foi de l'Europe et que la Prusse s'était solennellement engagée à défendre et même à protéger, si quelque danger venait jamais à menacer son indépendance.

En 1831 et en 1839, en même temps que la France, l'Angleterre, la Russie et l'Autriche, la Prusse avait déclaré qu'elle garantirait la neutralité de la Belgique. Or, l'Allemagne, qui jugeait avantageux pour ses opérations militaires contre la France d'occuper ce pays, posait, dès le 2 août 1914, à la Belgique, un ultimatum lui demandant de violer elle-même sa propre neutralité en livrant passage aux troupes allemandes, sinon « l'Allemagne serait obligée de considérer la Belgique en ennemie ».

Je me souviens toujours de l'émotion avec laquelle mon ami, M. Carton de Wiart, dont vous connaissez tous sans doute le nom glorieux, me racontait, lorsque je le revis à Sainte-Adresse, il y a quelque temps, cette brève et tragique réunion de tous les ministres convoqués précipitamment autour du roi, dès que fut connu l'extraordinaire ultimatum allemand. Chacun sentait exactement quelle était la gravité de l'heure et que la ruée allemande risquait de tout emporter, mais chacun savait aussi que le « gouvernement belge, en acceptant les propositions qui lui étaient notifiées, sacrifierait l'honneur de la nation en même temps qu'il trahirait ses devoirs envers l'Europe » (1). Nulle hésitation n'était possible. Tant pis si le corps de la Belgique allait souffrir le plus dur des martyres : ne fallait-il pas d'abord sauver son âme ?...

Et pendant quinze jours la digue vivante et sanglante arrêta le flot dévastateur et

____

(1) Note remise en répon·· à l'ultimatum par M. Davignon, ministre des affaires étrangères, à M. de Below Salerke, ministre d'Allemagne.

donna à la France et à l'Europe le temps de lui faire face et de l'arrêter.

Mais comment l'Allemagne put-elle essayer de légitimer, d'expliquer au moins une si insolente attitude ?... Oh ! de la façon la plus simple, avec ce quelque chose d'hypocrite et de cynique qui est bien dans la manière allemande.

Voici comment s'exprimait au Reichstag le Chancelier Bethmann-Hollweg, le 4 août 1914 :

« Nécessité ne connaît pas de loi. Nos troupes ont occupé le Luxembourg et peut-être la Belgique. Cela est en contradiction avec le droit des gens... L'injustice que nous commettons de cette façon nous la réparerons dès que notre but militaire sera atteint. »

Le chancelier reconnaissait donc publiquement que l'on avait agi « contre le droit des gens » et commis une « injustice ». Son langage n'en était pas moins accueilli par des tonnerres d'applaudissements et lorsqu'il concluait que l'Allemagne entière était derrière les armées en marche, toute l'assemblée, debout, saluait cette péroraison de hourrahs frénétiques.

Mais voici qui est mieux encore, et la lourde ironie allemande, consciemment ou non, semble s'y donner libre cours. L'Angleterre, au commencement d'août 1914, ne semblait nullement disposée, — et beaucoup s'en alarmaient, — à prendre part aux hostilités. Elle avait seulement indiqué sa résolution d'empêcher la flotte allemande de pénétrer dans la Manche et d'inquiéter les côtes françaises : elle voyait là, en effet, un danger et une menace pour sa propre sécurité, mais c'était tout.

Or, à la nouvelle de la violation de la Belgique, l'Angleterre s'émut aussitôt et Sir Goschen, ambassadeur de Grande-Bretagne à Berlin, demanda à Bethmann-Hollweg comment pouvait s'expliquer une semblable attitude. Or voici textuellement ce qui lui fut répondu par le Chancelier :

« Comment ! c'est pour un mot, la neutralité, un mot si souvent méconnu et dédaigné dans les temps de guerre, c'est pour un *chiffon de papier* que l'Angleterre va nous faire la guerre (1). »

------

(1) Télégramme envoyé le 8 août à Sir Edward Grey.

Elle non plus, l'Angleterre, n'hésita pas. Elle comprit quel était son devoir et entendit la voix de l'honneur. Sans plus tarder elle se rangea aux côtés de la France, sentant bien que le conflit débordait décidément les intérêts de telle ou telle nation, que la lutte était bien entre la force brutale et le droit menacé.

D'ailleurs, il est à remarquer — et c'est à l'honneur de l'humanité — que chaque fois que l'Allemagne a trahi la parole donnée et méconnu quelque droit sacré, — aujourd'hui la neutralité de la Belgique violée, demain le « Lusitania » torpillé et les neutres assassinés, — d'un point nouveau du globe, s'est élevée non seulement une protestation indignée, mais une force s'offrant généreusement à cette ligue sainte des nations, convaincue qu'il n'y a plus de société possible entre les peuples si les engagements ne sont que des gestes vains et les traités que de fragiles et illusoires « chiffons de papier ».

« Il y a en effet, ainsi que s'exprimait éloquemment M. Durkheim, professeur à l'Université de Paris, une conscience universelle et une opinion du monde à l'em-

pire desquelles on ne peut pas plus se
soustraire qu'à l'empire des lois physiques ; car ce sont des forces qui, quand
elles sont froissées, réagissent contre ceux
qui les offensent. Un Etat ne peut pas se
maintenir quand il a l'humanité contre
soi (1). »

Mais ce n'est pas, hélas ! aux premiers
jours seulement de la guerre que l'Allemagne a fait éclater son mépris arrogant des
traités. Elle a quotidiennement, et d'une
façon systématique, violé toutes les conven-
tions, aussi bien celles de La Haye que de
Genève, et méprisé jusqu'aux plus élémen-
taires règles du droit des gens.

Sous l'influence séculaire de la civilisation guidée par la religion, la morale et la
philosophie, la guerre s'était, petit à petit,
adoucie ou, tout au mions, avait limité le
champ de son action dévastatrice. On avait
admis unanimement ce grand principe
qu'aucune violence ne devait être commise
sur les non belligérants. Tandis qu'aux
âges de barbarie les villes conquises étaient

---

(1) *L'Allemagne au-dessus de tout*, par E. DUR-
KHEIM, professeur à l'Université de Paris.

souvent détruites et leurs habitants massacrés ou réduits en esclavage, la guerre moderne se faisait gloire de respecter cette loi d'humanité que la Convention de La Haye formulait ainsi : « L'honneur et les droits de la famille, la vie des individus, la propriété privée, doivent être respectés. »

Qu'est-il advenu de tout cela sous l'effort odieux de la brutalité allemande ? Le monde a été brusquement ramené en arrière jusqu'aux temps cruels où vraiment « l'homme était un loup pour l'homme ».

Ai-je besoin de rappeler le bombardement des villes ouvertes, le torpillage des bateaux de commerce même neutres, sans avertissement et sans laisser de traces (1), les condamnations arbitraires, les massacres de civils ? Faut-il évoquer devant vous les méfaits de ces obus tuant le Vendredi Saint, dans une église, des femmes et des enfants en prières, comme par une sorte d'ironie sacrilège à l'heure même où le Christ répandait son sang pour que les

-----

(1) Ce procédé est formellement avoué dans la correspondance du comte de Luxembourg, ministre allemand de Buenos-Aires, à son gouvernement.

hommes apprennent à s'aimer les uns les autres, ou encore, dans une maternité, précipitant la mort farouche des champs de batailles sur les blancs et innocents berceaux ?

Hélas! ces images sont si vivement fixées dans le souvenir de chacun qu'il n'est vraiment pas besoin et qu'il ne serait que trop aisé de s'étendre sur toutes les horreurs de cette guerre que l'Allemagne a inventée, ou plutôt, par la plus abominable régression, retrouvée et savamment perfectionnée en mettant à profit les progrès les plus modernes d'une science et d'une industrie asservies et dévoyées.

Il n'est pas jusqu'à l'antique esclavage imposé jadis aux peuples vaincus qui n'ait été ressuscité.

Permettez-moi, mes chers amis, de vous lire quelques lignes d'une conférence faite à Paris en novembre 1917, sur « l'Effort moral de nos pays envahis », par Mme Alfred Reboux, la si vaillante directrice du *Journal de Roubaix*.

« Mais la douleur des douleurs, celle qui ne se pardonne pas, c'est l'acte qui ne se consomme pas dans la fièvre des combats,

c'est l'enlèvement méthodique, systématique des jeunes filles qu'on arrache à leurs
mères.

« C'était la veille de Pâques : il était
deux heures du matin ; comme toutes les
femmes, je reçus un billet ainsi conçu :

« Au courant d'une demi-heure, les ha-
« bitants de cette maison sont tenus de se
« réunir prêts au rez-de-chaussée, ayant
« préparé quelques vêtements de rechange
« et une couverture ; un officier passera et
« désignera les personnes de la maison qui
« doivent partir. »

« Voyez-vous cette femme anémiée par
deux ans de guerre ; meurtrie, elle se sou-
tient sans faiblir ; elle s'en va à deux heures
du matin éveiller son enfant.

« — Mon enfant, lui dit-elle, il faut te
lever, tu vas partir, l'Allemand va venir te
chercher. »

« Hâtivement, elle fait le paquet, car il
était dit sur le papier qu'on devait préparer le nécessaire pour le coucher et le vivre. On réunit un peu de batterie de cui-
sine, des couvertures. L'officier doit passer dans une demi-heure. La pauvre femme
fait la toilette de son enfant ; elle lui dit :

« — Mon enfant, tu fréquenteras des amies bien élevées comme toi ; n'oublie pas les bons principes que j'ai mis dans ton cœur ; n'oublie pas que ton père se bat de l'autre côté. N'oublie pas qu'au-dessus de tout il y a le bien suprême qui s'appelle la patrie ; on doit savoir mourir pour elle, même quand on est enfant.

« L'officier passe et prend la jeune fille ; la mère intervient :

« — S'il vous plaît, elle ne m'a jamais quittée. Que voulez-vous en faire ?

« — Mon ordonnance, Madame, répond l'officier.

« — Monsieur, cette fille est malade.

« — La vie au grand air lui fera du bien.

« Et la mère tombe évanouie.

« D'autres deviennent folles, d'autres meurent subitement. »

Non, ce n'est ni la France, ni ses alliés qui auraient même jamais pu concevoir une semblable guerre ! C'est notre honneur d'être impuissants à vaincre l'Allemagne dans cette voie de haine, et si les exigences de la défense ont pu amener des représailles sur le terrain seul de la lutte militaire, n'est-ce pas encore l'instigatrice de cet odieux système qui en demeure responsable ?...

D'ailleurs l'Allemagne tire une étrange et monstrueuse vanité de ce qui écraserait tout autre du lourd poids d'un remords inexorable.

Voici ce que le Kaiser écrivait en août 1914 à l'empereur d'Autriche :

« Mon âme se déchire, mais il faut tout mettre à feu et à sang, égorger hommes, femmes, enfants, vieillards, ne laisser debout ni un arbre ni une maison. Avec ces procédés de terreur, les seuls capables de frapper un peuple aussi dégénéré que la France, la guerre finira avant deux mois, j'en ai la certitude (1). »

Eh bien ! non, le Kaiser se trompait. Il connaissait mal la France. Il calculait faux.

Les Allemands, en vérité, nous jugeaient, non d'après ce que nous sommes, mais d'après ce qu'ils eussent voulu que nous fussions, ce que nous apparaissions peut-être à de certains jours, ce qu'en tout cas ils s'efforçaient de nous rendre, essayant,

____

(1) *Bulletin de l'Institut Catholique de Paris,* 1917, p. 315.

8

par la plus infâme des propagandes, de nous inoculer le venin dont ils faisaient à notre usage un précieux article d'exportation.

Ils ont cru nous impressionner avec toutes leurs savantes horreurs. Ils se sont dit :

« Ces Français subtils, légers, céderont vite devant notre organisation, notre force toute-puissante, nos gros canons, nos gaz, nos liquides enflammés, toute notre chimie meurtrière... Poussons brutalement et ce sera vite fini... »

Erreur dont ils ne sont pas encore revenus ! Étonnement qui les tient toujours ! Sous le choc de leurs lourds bataillons, sous l'effort de leur mitraille, sous l'effroi de leurs inventions infernales, le soldat de France a tenu. Toutes ces colossales manifestations de force n'ont pas réduit la simple clarté de son bon sens, éteint la lumière de son cœur : il est demeuré le fils de l'Esprit.

Non seulement les faits de la guerre, mais les faits antérieurs aussi, toute la pratique allemande depuis que la Prusse a créé l'Empire, ou, plutôt, restauré cet antique colosse en le dépouillant de ce qui faisait jadis sa profonde et mystérieuse grandeur, pour le dresser en un brutal et hautain effort de militarisme menaçant, ne sont qu'une persévérante illustration de la doctrine de la force souveraine, sans frein ni loi, supérieure à tout.

« Deutschland über alles », l'Allemagne au-dessus de tout ! Mais sur quoi repose cette puissance qui entend ne pas trouver d'égale ici-bas ? Hélas ! au dire même de ses adorateurs qui n'ont point caché que les récentes conquêtes et la « terre d'Empire » étaient l'indispensable ciment de l'unité nationale, sur la violation du droit des peuples à disposer d'eux-mêmes, sur ce que je ne crains pas d'apeler un trépied d'oppression et d'iniquité, le Sleswig au nord, arraché à la patrie danoise, la Pologne à l'est, et, à l'occident, notre Alsace-Lorraine.

La Pologne ! Étonnant miracle de fidélité d'un peuple qui ne veut pas mourir ! Admirable patrie qui, plusieurs fois démembrée, a vu son corps déchiré par la violence d'insatiables convoitises, mais dont l'âme inviolée se survit à elle-même à travers les siècles ! Rien n'a pu venir à bout de cette inlassable ténacité de vivre. C'est en vain que la Prusse a décidé d'exproprier les propriétés polonaises et, — crime plus profond encore, — ayant résolu de s'en prendre, non plus à la terre seulement, mais à ce qu'il y a de plus délicat et de plus tendre dans le cœur d'une race, a défendu aux petits enfants de Pologne de prier le Bon Dieu dans la langue de leurs mères : ni les menaces ni les coups cruels n'ont rien pu contre une faiblesse héroïque et victorieuse, et la Pologne tant de fois victime et martyre, est en droit d'attendre, de la victoire des Alliés dans le monde, réparation et justice.

Quelques années avant la guerre des nations, en 1912, le grand patriote Henryk Sienkiewicz, mort aujourd'hui et qui n'aura pas la joie de saluer ici-bas la délivrance de sa patrie, donnait déjà aux peuples cet amer et grave avertissement :

« Qu'importe à l'Allemagne et à son gouvernement ce que pensent d'eux les pays civilisés ! Pour les Prussiens, depuis qu'ils se sentent forts, la force est l'unique loi. »

« Que chacun comprenne le danger qui le menace et n'attende pas qu'il soit trop tard pour se mettre sur la défensive, s'il ne veut pas apprendre à ses dépens ce qu'il en coûte de laisser l'ennemi s'établir chez soi. Qu'il sache ce qui l'attend s'il a le malheur de tomber sous la domination prussienne ! »

Certes, il eût mieux valu que toutes les nations comprissent plus tôt les paroles prophétiques du grand patriote polonais ! Au moins, toutes aujourd'hui se rendent compte qu'il serait criminel de ne pas regarder en face la question polonaise et qu'il est impérieusement nécessaire de n'en plus ajourner la solution: il y va de l'honneur même et de la santé de l'Europe.

Quant à notre Alsace et à notre Lorraine, cette « terre d'Empire », la protestation unanime de leurs députés en 1871 résonne toujours dans le grand silence imposé depuis par la domination allemande: *« Nous déclarons encore une fois nul et non avenu un pacte qui dispose de nous sans notre consentement...*

« Vos frères d'Alsace et de Lorraine séparés en ce moment de la famille commune, conserveront à la France, absente de leurs foyers, une affection filiale jusqu'au jour où ils reviendront y reprendre leur place »... Et aussi cet autre cri, également

unanime, des députés alsaciens et lorrains au Reichstag en 1874: « *Au nom des Alsaciens-Lorrains vendus au traité de Francfort, nous protestons contre l'abus de force dont nous sommes les victimes.* »

Je ne puis, mes chers amis, m'empêcher de comparer à cette odieuse annexion de nos provinces à l'Empire allemand l'adhésion affectueuse de l'Alsace et de la Lorraine à la France au XVII° et au XVIII° siècle, lorsqu'elles vinrent s'attacher joyeusement à l'unité française.

Je ne puis cependant résister au plaisir de vous raconter comment, en 1798, l'Alsace se compléta en récupérant Mulhouse. J'emprunte ce récit à un tract éloquent de MM. Ernest Lavisse et Christian Pfister, professeurs à l'Université de Paris. Nous avons vu, tout à l'heure, la triste méthode allemande ; la méthode française va nous apparaître maintenant dans tout le beau rayonnement de sympathie qui s'en dégage.

« L'union de Mulhouse à l'Alsace et à la France fut sollicitée par les Mulhousiens comme un honneur. Les représentants de la ville et un commissaire français rédigèrent le texte d'un traité qui fut ratifié par les deux Chambres du Parlement français d'alors, le Conseil des Cinq-Cents et le Conseil des Anciens; en voici les premiers mots:

« La République française accepte le vœu des citoyens de Mulhouse. »

« Le 15 mars 1798, les autorités françaises se présentèrent aux portes de la ville; de l'intérieur, un factionnaire cria: Wer da (qui est là?) Réponse: « Républicains français.» Et le dialogue se poursuivit en français :

« Quelle est votre mission, citoyens? — Nous annonçons l'arrivée du commissaire du Gouvernement, qui vous remettra l'acte qui réunit votre république à la grande Nation ; nous venons fraterniser avec vous, — Soyez les bienvenus, citoyens, vous nous assurez notre bonheur. — Nos frères d'armes vous apportent le symbole de la paix et de l'union ; daignez les accepter. — Avancez, bons Français; la victoire vous précède ; la paix vous suit. »

« Le groupe français entra; un grand cortège se forma; aux quatre coins de la ville, des arbres de la liberté furent plantés; sur la place, une fosse fut creusée ;

avant d'y planter le cinquième arbre, on y mit les insignes du passé : armes de la ville, statuts, bannières des corporations. Quant au drapeau de Mulhouse, on l'enveloppa dans un étui tricolore portant cette inscription :

« La République de Mulhouse repose dans le sein de la République française. »

« Cet acte de la réunion de Mulhouse, si honorable pour la France, n'a, croyons-nous, son pareil dans aucune histoire. »

Mais ce qui est vraiment extraordinaire, c'est qu'en 45 ans d'occupation, employant tantôt — le plus souvent, il faut l'avouer — la manière forte, quelquefois aussi une tactique plus insinuante et qui se croyait plus habile, les Allemands ne soient parvenus, en somme, à rien gagner sur l'esprit et le cœur de l'Alsace et de la Lorraine. Sans doute, ils ont essayé de submerger le pays sous le flot continu d'une méthodique immigration, mais ils n'ont pas pénétré dans l'intimité de leur conquête, ne sont pas parvenus à se l'assimiler. Écrasés sous le poids du plus lourd des silences, les Alsaciens-Lorrains ne pouvaient pas exprimer publiquement les intimes émotions de leur cœur que la fatalité contraignait à demeurer discrètes; les plus clairvoyants d'entre eux sentaient même si exactement ce que serait une guerre entre l'Allemagne et la France et que l'incendie allumé à cause d'eux risquerait bientôt d'embraser le monde entier, qu'ils n'osaient ni réclamer, ni même souhaiter, si juste que fût leur cause, une telle catastrophe, et se contentaient de souffrir et de se taire. Mais combien jalousement conservaient-ils en eux, avec le dépôt sacré de la culture française, une inviolable fidélité de souvenir et de tendresse.

Mes camarades, les dessinateurs Hansi et Zislin qui, condamnés à mort par l'Allemagne, sont aujourd'hui dans les rangs de l'armée française, m'expliquaient avec détails, quelques mois avant la guerre, ce radical échec de l'effort moral allemand :

« Tenez, me disaient-ils, nous sommes nés depuis le traité de Francfort et, par conséquent, nous n'avons connu que la domination de l'Empire, nous avons été élevés dans le gymnase allemand, fait notre service militaire dans la caserne prussienne... Eh bien! nous sommes encore, s'il est possible, plus éloignés que nos pères de la culture allemande... C'est que, chaque jour, nous connaissons davantage ce que sont nos conquérants : ce qui veut dire que chaque jour nous nous éloignons d'eux davantage.»

Ce témoignage est convaincant. L'Allemand, en effet, s'il sait commander, n'a jamais su se faire aimer. Il n'y a en lui aucun rayonnement. Ses avances maladroites éloignent autant que ses menaces. S'il devient le maître, il demeure toujours l'étranger. Aussi, bien vite en revient-il, comme par une inéluctable nécessité de son caractère, à recourir à la force et à asseoir son autorité sur la violence organisée. L'affreuse crise que l'Allemagne vient d'imposer au monde depuis quatre ans n'a fait qu'éclairer cette inquiétante vérité d'un jour sinistre.

II

LE SYSTEME ALLEMAND :
LES DOCTRINES

Mais ce n'est pas tout, mes chers camarades. Si les faits de la guerre, comme les faits antérieurs à la guerre, nous montrent l'empire allemand, façonné et domestiqué par la Prusse, recourir avec constance à la force oppressive, au mépris même de la parole donnée et de la foi des traités comme du droit des gens, ce n'est pas là simple effet du hasard, ni même uniquement habitude et mode pratique d'action, c'est bien, en vérité, le résultat nécesaire et logique d'une véritable doctrine, d'une théorie systématique qui s'est lentement élaborée et devait, comme fatalement, aboutir à de telles et si pernicieuses conséquences. C'est ce que j'ai maintenant le dessein de vous faire sentir.

Parmi la foule des textes que l'on pourrait accumuler devant vous, quelques-uns suffiront. Ils sont, je l'avoue, si caractéristiques, que je n'en eusse pu souhaiter de plus nets ni de plus probants.

Voici comment s'exprimait, il y a longtemps déjà, au cours du siècle dernier, le philosophe Nietszche que nous pouvons peut-être considérer comme le père de la pensée allemande contemporaine.

« Vous dites, écrit-il, que c'est la bonne cause qui sanctifie même la guerre ?...»

... Et en effet nous tous ici, sans doute, nous sommes unanimes à affirmer que la guerre est, en soi, un crime, une monstruosité véritable, que c'est grande pitié et grande honte de voir tout l'effort de la civilisation et du progrès humain aboutir à une destruction et à un égorgement universel sur toute la surface du globe.... Mais nous ajoutons aussi que, si nous acceptons tous ces maux, que si nous allons au devant de toutes ces douleurs, c'est parce que c'est pour nous le seul moyen de délivrer ceux qui sont opprimés, de sauver ceux qu'on attaque injustement, de défendre le Droit et la Justice. Oh! alors, n'est-ce pas, mes amis, nous avons le sentiment très net que « la bonne cause sanctifie même la guerre » et que le soldat qui répand son sang sur le champ de bataille de la liberté est un héros et devient presque un martyr !

...Eh bien ! Nietszche nous regarde avec un sourire de dédain et un méprisant haussement d'épaules, il considère que ce sont là divagations sentimentales, bonnes tout au plus pour des têtes de Français humanitaires. Il nous répond, — remarquez que je cite textuellement :

« *Je vous dis : c'est la bonne guerre qui sanctifie toute cause.* »

Donc, vous pouvez violer la neutralité de la Belgique, déchirer les traités comme de méprisables chiffons de papier, torpiller les vaisseaux des neutres et les navires-hôpitaux, incendier, piller, réduire les femmes et les enfants en esclavage, bombarder les villes ouvertes au risque d'écraser les fidèles agenouillés dans les églises et de tuer des enfants dans les berceaux... si vous réussissez, si votre stratégie triomphe, si vos plans aboutissent à des succès militaires, si vous êtes les plus forts, alors, c'est la « bonne guerre » et je vous dis, moi,

Nietszche, père de la pensée allemande, « qu'elle sanctifie toute cause ».

La doctrine devait se développer, devenir un système complet, rigoureux, exact en ses conséquences.

Le vieux Bismarck avait dit naguère : « La force prime le droit. » Cette formule archaïque devait bientôt, taxée d'insuffisance, être ainsi rectifiée : « La force constitue le droit. » Le droit, en effet, n'allait plus devenir qu'une sorte de transcription légale des décisions souveraines de la force.

Dans son livre *Puissance et Droit*, en 1877, von Hering écrivait avec précision et non peut-être sans quelque cynisme :

« Nous devons nous incliner avec un sentiment de vénération devant la force victorieuse, produit mystique des forces et des lois morales qui dominent les éclats les plus sauvages de la guerre. La puissance des vainqueurs, voilà ce qui détermine le droit.»

On ne saurait parler avec plus de netteté. Mais déjà, en 1868, — et je choisis à dessein des textes anciens pour montrer que le mouvement d'idées qui devait aboutir à l'esprit allemand de 1914, n'est pas accidentel et vient de loin, — le professeur

Lasson préparant la voie au fameux général von Bernhardi affirmant que « c'est une erreur de penser qu'il ne faille jamais provoquer ni rechercher la guerre », et que « c'est à la diplomatie d'arranger les questions épineuses où la morale semble menacée », écrivait peut-être avec plus de franchise encore, en tout cas avec une brutalité plus entière :

« Entre les Etats ne peut régner que la guerre. Le conflit est l'essence même et la règle des relations entre Etats...

« Ce n'est pas une question de droit: c'est une question d'intérêt d'observer les traités... Qui a la force peut créer un nouvel état de choses qui sera aussi bien le droit que le précédent...

« Cet état de choses peut même être qualifié de moral, puisqu'il est rationnel. »

Et plus loin :

« Un peuple de haute culture, mais de culture peu favorable à la concentration et à l'action militaire de l'Etat, doit en toute justice obéir aux barbares dont l'organisation politique et militaire est supérieure. »

La guerre, d'ailleurs, est nécesaire et sainte. Voici comment s'exprime Treitschke, un des éducateurs de l'Allemagne contemporaine, l'ami de Bismarck, journaliste, député, professeur, qui du haut de sa chaire de l'Université de Berlin exerçait, peu d'années après la guerre de 1870, une « action prestigieuse » par son éloquence « âpre et colorée, négligée et prenante » (1).

D'après lui, l'idéal de la paix perpétuelle est « un scandale moral, une véritable malédiction ». Heureusement que « le Dieu vivant veillera à ce que la guerre revienne toujours comme le terrible remède dont a besoin l'humanité ».

La paix, suivant Tannenberg, est un « mot détestable » (2). Bernhardi n'a pas craint d'écrire que « les efforts tentés en vue de l'abolition de la guerre ne sont pas seulement insensés mais doivent être considérés comme franchement immoraux et indignes de l'humanité » (3). Et Ernest Hanne précise encore :

---

(1) *L'Allemagne au-dessus de tout*, par E. Durkheim, professeur à l'Université de Paris.

(2) Tannenberg (Otto Richard). *La plus grande Allemagne, L'œuvre du XX° siècle.*

(3) Bernhardi. — *L'Allemagne et la prochaine guerre.*

« Si nous n'étions pas entourés de dangers de guerre, il faudrait artificiellement en créer un pour tonifier notre germanisme amolli et relâché, pour lui faire des os et des nerfs... Rien n'est plus immoral que de considérer la guerre comme une chose immorale... » Et il ajoute cet aveu intéressant à retenir :   « La pire hypocrisie, c'est que l'Allemagne ait pris part à la Conférence de La Haye et à celles qui ont suivi » (1).

On pourrait reproduire à l'infini de semblables déclarations. L'Allemagne moderne se juge supérieure aux autres peuples. Elle se croit en avance sur eux et se considère comme ayant un droit évident de priorité. Le professeur Ostwald, lauréat du prix Nobel pour la chimie et promoteur de la langue universelle « Ido », qui est des agents les plus actifs de la propagande allemande en Suède, s'en expliquait récemment, avec modération d'ailleurs, dans une interview qu'il accordait au journal *Dagen* de Stockholm :

« L'Allemagne, grâce à sa faculté d'organisation, a atteint une étape de civilisation

(1) ERNEST HANNE. — *Politique allemande*. T. I.

plus élevée que les autres peuples. La guerre, un jour, les fera participer, sous la forme de cette organisation, à une civilisation plus élevée. Parmi nos ennemis, les Russes, en somme, en sont encore à la période de la horde, alors que les Français et les Anglais ont atteint le degré de développement culturel que nous-mêmes avons quitté il y a plus de cinquante ans. Cette étape est celle de l'individualisme. Mais, au-dessus de cette étape, se trouve l'étape de l'organisation. Voilà où en est l'Allemagne d'aujourd'hui.

« Vous me demandez ce que veut l'Allemagne.

« Eh bien, l'Allemagne veut organiser l'Europe, car l'Europe jusqu'ici n'a pas été organisée. »

Comment, dès lors, l'Allemand, qui a la superstition de la force, ne serait-il pas tout naturellement amené à avoir celle de l'Etat, de cet Etat dont Hégel avait dit autrefois « qu'il avait seul des droits parce qu'il est le plus fort » ? De là à nier la priorité, l'existence même des libertés individuelles, il n'y a qu'un pas. Il sera vite franchi. Ostwald ne craint pas d'affirmer que « l'individu n'est qu'un rouage du mécanisme

Etat », et Laband que « les libertés indivi-duelles ne sont pas des droits ».

Une telle sociologie enflée, si je puis dire, par l'orgueil de la race, exaltée par tout ce qu'il y a de mystique dans le tempérament allemand, devait aboutir aux plus dangereu-se, aux plus extravagantes conséquences. C'est ainsi qu'au début de la guerre, en no-vembre 1914, dans la *Neue Rundschau*, Thomas Mann, après avoir expliqué que la *Kultur* est une organisation spirituelle du monde qui n'exclut pas la « sauvagerie sanglante », ne craignait pas de conclure que cette fameuse *Kultur* est « au-dessus de la morale », — hélas ! nous ne nous en étions que trop aperçus ! — mais il ajou-tait, — et c'est là un aveu vraiment extraor-dinaire, — « qu'elle est au-dessus de la rai-son, au-dessus de la science !... »

D'autres, d'ailleurs, se chargeront bien de préciser et ne craindront pas de formuler les plus scandaleuses conséquences de l'odieux principe. Tannenberg écrit :

« Raison ou tort sont des notions qu'il n'y a pas lieu de discuter quand le dévelop-pement de notre peuple est en jeu. »

Et ailleurs:

« La politique est une affaire. La justice et l'injustice sont des notions qui ne sont nécessaires que dans la vie civile. Le peuple allemand a toujours raison parce qu'il est le peuple allemand et compte quatre-vingt-sept millions de nationaux. »

La *Kultur* allemande! Il faut bien comprendre tout ce que ce mot renferme d'orgueil latent, d'arrogance prête à déborder en menaces ; tout ce que ce rationalisme outrancier renferme de superstitions religieuses.

Il y a là un culte mystique qui est enseigné à travers tout l'Empire par une troupe de professeurs et de docteurs que l'empereur mobilise comme une seconde armée et qui, tandis que les feldwebel dressent les corps des recrues à la rude discipline prussienne, ont pour mission spéciale de façonner les cerveaux.

L'Allemagne entière n'est qu'une armée. De même que la conquête économique est savamment organisée, que l'espionnage, — on a bien fini par s'en apercevoir dans le monde entier, — y a ses cadres, sa hiérarchie et ses méthodes, de même les intellectuels y sont embrigadés et y développent patiennent et avec persévérance la croyance sacrée en la toute-puissance auguste de l'Allemagne, de l'Etat et de l'Empereur.

« Que le roi, disait déjà en 1904 le prince de Bulow, chancelier de l'Empire, soit à la tête de la Prusse; la Prusse à la tête de l'Allemagne ; l'Allemagne à la tête de l'univers » (1).

C'est ce qu'il faut bien pénétrer si l'on veut comprendre l'esprit de notre adversaire. L'Allemagne est le peuple élu de Dieu. Elle a un droit absolu et primordial à gouverner le monde. La guerre est, pour elle, un instrument sacré, « instrument dur et rude qui doit être aussi impitoyable que possible », ainsi s'exprimait le député du Centre Erzberger, et cela même au nom de la « plus grande humanité ». Et il ajoutait pour bien préciser sa pensée: « Si l'on trouvait le moyen d'anéantir Londres tout entier, ce serait plus humain que de laisser « saigner » un seul Allemand sur le champ de bataille, attendu qu'un moyen aussi radical amènerait une prompte paix. »

____

(1) Discours du 16 janvier 1904, à la Chambre des Seigneurs.

L'Etat allemand devient ainsi une sorte de puissance surnaturelle qui a le droit d'exiger, pour assurer sa domination, des sacrifices humains et de sanglants holocaustes. Et le Kaiser, qui incarne l'Etat, est quelque chose comme une divinité qui peut exiger un culte universel.

Il faut bien en arriver là pour comprendre ces phrases étranges, à la sonorité impérative et mystique, qui sortent souvent des lèvres du Kaiser comme les commandements d'un demi-dieu.

« Rappelez-vous, disait Guillaume II à ses troupes de l'Est, en 1914, au début même de la guerre, rappelez-vous que vous êtes le Peuple élu. L'Esprit du Seigneur est descendu sur moi, parce que je suis l'Empereur des Germains.

« ...Malheur et mort à tous ceux qui résisteront à ma volonté ! »

Et comme si ce n'était pas encore assez d'obéir, voici que le Kaiser exige, non plus seulement une soumission extérieure, mais bien une adhésion de l'âme entière, et cela sous peine de mort :

« *Malheur et mort à ceux qui ne croient pas à ma mission !*

« Qu'ils périssent tous les ennemis du peuple allemand !

« Dieu exige leur destruction. Dieu qui, par ma bouche, vous commande d'exécuter sa volonté. »

Telle est la conclusion logique du système dont nous avons étudié les germes et le développement, telle est la permanente menace pour le monde d'une théorie qui n'aboutit à rien moins qu'à la « destruction » de quiconque ne l'admet pas et entend demeurer libre.

III

CE QUE VEULENT LA FRANCE
ET SES ALLIÉS

Que j'ai donc hâte, mes chers amis, de vous faire entendre maintenant d'autres voix, des voix de clair bon sens, d'équitable et fraternelle justice, les voix aimées de notre France et de ses Alliés.

Nous aussi, n'avons-nous pas souvent rêvé que la France s'imposerait au monde et serait comme une étoile d'or l'entraînant à la suite dans la voie des plus généreux progrès ? Mais, malheur à qui voudrait que ces pacifiques conquêtes fussent jamais imposées par l'odieuse violence et la détestable tyrannie, qu'elles fussent autre chose que le fruit bienfaisant des services rendus et de la reconnaissance des peuples ! . . . .

A l'inverse de l'orgueil allemand, une telle ambition, à supposer même que l'on pût, en quelque point du globe, la juger chimérique, ne pourrait, à coup sûr, être estimée par personne une menace ou un danger. Aussi bien, est-ce l'honneur de notre patrie de représenter, dans l'immense conflit qui déchire aujourd'hui l'humanité entière, le respect du droit et de la justice contre la violence, des principes spirituels d'équité contre la force brutale.

Voici comment s'exprimait le président de la République française dans sa lettre du 1er janvier 1916, adressée aux officiers et aux soldats de France.

« Cette guerre, écrivait M. Poincaré, aucun Français ne l'a voulue, aucun n'aurait commis le crime de la souhaiter. Tous les gouvernements qui se sont succédé en France depuis 1871 se sont efforcés de l'éviter. Maintenant qu'on nous l'a, malgré nous, déclarée, nous nous devons de la mener, avec nos fidèles alliés, jusqu'à la victoire, jusqu'à l'anéantissement du militarisme prussien et jusqu'à la reconstitution totale de la France. »

Cette ferme affirmation de notre volonté

pacifique dans le passé comme dans l'avenir, en même temps que cette énergique décision d'obtenir la justice, M. Poincaré les répétait encore quelques jours après, dans son discours du 14 juillet 1916 :

« Plus nous avons horreur de la guerre, plus nous devons travailler passionnément à en empêcher le retour, plus nous devons souhaiter, vouloir que la paix nous apporte avec la restitution totale de nos provinces envahies, la réparation des droits violés... et les garanties nécessaires. »

Et c'est en ce sens aussi que M. Deschanel, le président de la Chambre des Députés, a pu dire en une précise et éloquente formule :

« Nous voulons toute la guerre, pour avoir toute la paix. »

Nous ne saurions trop insister, mes chers amis, sur cette attitude de la France et de ses Alliés. Et pourtant quel Français, même s'il n'a pas été en situation de suivre dans ses détails l'histoire du conflit, n'a, tout au moins, le sentiment profond de la position de la France, de sa rectitude et de sa loyauté ? Et croyez-vous vraiment que, s'il en eût été autrement, la guerre à laquelle nous n'étions, hélas ! même pas suffisamment préparés, nous eût tous trouvés debout, unanimes, quoique venus des points les plus opposés de l'horizon politique et social, fermes dans une commune résolution que l'on a spontanément désignée de ce beau nom d'*union sacrée* qui lui sera pieusement conservé par l'histoire ?

Ce n'est, d'ailleurs, pas d'aujourd'hui que la France a fait éclater devant le monde, même aux périodes les plus troublées de son histoire et alors qu'elle était traquée par l'Europe entière, sa volonté de justice internationale, et sa ferme résolution de faire respecter les droits des peuples.

Quelques mois avant la première déclaration de guerre qui suivit la révolution de 1789, voici comment Isnard, dans la séance du 29 novembre 1791 de l'Assemblée législative, appréciait les devoirs de la France guerrière :

« Traiter tous les peuples en frères, respecter leur repos, mais exiger d'eux les mêmes égards ; ne faire aucune insulte, mais n'en souffrir et n'en pardonner aucune ; ne tirer le glaive qu'à la voix de la justice, mais ne le renfermer qu'au chant de la victoire ; renoncer à toute conquête, mais vaincre qui veut le conquérir ; fidèle dans ses engagements, mais forçant les autres à remplir les leurs ; généreux, magnanime dans toutes ses actions, mais terrible dans ses justes vengeances, enfin toujours prêt à combattre, à mourir, à disparaître même tout entier du globe plutôt que de se laisser remettre aux fers ; voilà, je crois, quel doit être le caractère du Français libre ? »

La première déclaration de guerre est elle-même empreinte de ces généreuses préoccupations qui, — il est aisé de s'en convaincre, — animent encore les discours de ceux qui représentent aujourd'hui la France dans le monde. Le « décret portant déclaration de guerre contre le Roi de Hongrie et de Bohême », rendu le soir du 20 avril 1792, se termine par les conclusions suivantes :

« L'Assemblée Nationale déclare que la nation française, fidèle aux principes consacrés par la Constitution de n'entreprendre aucune guerre dans la vue de faire des conquêtes, et de n'employer jamais ses for-

4•

ces contre la liberté d'aucun peuple, ne prend les armes que pour le maintien de sa liberté et de son indépendance ; que la guerre qu'elle est forcée de soutenir n'est point une guerre de nation à nation, mais la juste défense d'un peuple libre contre l'injuste agression d'un roi ; que les Français ne confondront jamais leurs frères avec leurs véritables ennemis, qu'ils ne négligeront rien pour adoucir le fléau de la guerre, pour ménager et conserver les propriétés, et pour faire retomber sur ceux-là seuls qui se ligueront contre sa liberté tous les malheurs inséparables de la guerre. »

Mais si nous voulons, mes chers amis, découvrir, d'une façon plus probante peut-être encore, le point de vue des adversaires de l'Allemagne, écoutons le président Wilson ; son exemple est édifiant entre tous et nous pouvons assister avec profit au travail même de sa pensée, toujours loyale et sincère, et comme à l'élaboration patiente et sûre de son effort vers la vérité, hésitant d'abord, puis une fois la lumière faite, décisif et résolu.

En 1914, les Etats-Unis n'étaient nullement hostiles à l'Allemagne : ils comptaient même de nombreuses et fortes sympathies germanophiles. Et le président Wilson lui-même, lorsqu'il fut élu à sa présidence, était loin de passer, en France, pour un ami exclusif de notre pays, le courant francophile étant, comme chacun s'en souvient, représenté par M. Roosevelt. Et je dirais volontiers : tant mieux ! Partis, en effet, d'un tel point de départ et devant aboutir là où nous les voyons aujourd'hui, les Etats-Unis et leur président n'en font que mieux éclater, par leur évolution même, les torts de l'Allemagne, ainsi que la justice de notre cause.

Le 18 décembre 1916, le président Wilson n'avait pas encore pris parti, il envoyait une note identique sur la paix aux puissances belligérantes, « leur demandant de déclarer à quelles conditions elles jugeraient la paix possible » : et l'on se scandalisait fort chez nous qu'il semblât ainsi avoir à cœur de tenir la balance égale entre l'agresseur et la victime. Dans son message au Sénat du 22 janvier 1917, tout en reconnaissant que « les puissances de l'Entente avaient répondu d'une façon beaucoup plus nette que les puissances centrales », il n'en continuait pas moins à conserver son attitude de médiateur qui n'a pas encore pris parti et, — ce qui ne fut pas sans froisser beaucoup de nos concitoyens, — il proclamait qu'il devait, selon lui, « y avoir une paix sans victoire ».

Notre intention n'est pas de noter ici tous les moments successifs de la pensée du président Wilson, ni de faire ressortir comment les agissements de nos adversaires, torpillant le *Lusitania,* essayant de soulever le Mexique contre les Etats-Unis, laissant apparaître, à la fin, le réseau de savant espionnage dont ils avaient depuis longtemps recouvert, dans l'ombre, la loyale Amérique, devaient aboutir à éclairer d'un jour décisif les responsabilités allemandes. J'entends me contenter, après avoir signalé le point de départ, de fixer le point d'arrivée.

Voici donc comment le président Wilson s'exprimait, le 2 avril 1917, dans ce fameux message au Congrès qui reconnaissait que la « neutralité n'est plus possible et désirable quand il y va de la paix du monde et de la liberté des peuples », message précédant de quatre jours

seulement la proclamation officielle que
« l'état de guerre existait entre les Etats-
Unis et le gouvernement impérial allemand ». Tout est à retenir dans ces quelques phrases dont la précision ne le cède ni
à la générosité ni à l'énergie :

« Notre objet... est de défendre les principes de paix et de justice dans la vie du
monde contre les puissances égoïstes et autocratiques et d'établir, parmi les peuples
vraiment libres et autonomes, une unité de
tendances et d'action qui assure désormais
le respect de ces principes.

« Or, la menace contre cette paix et cette
liberté réside dans l'existence de gouvernements autocratiques qui s'appuie sur une
force organisée dant ils disposent selon
leur caprice et non selon la volonté du peuple...

« Cette guerre a été décidée comme les
guerres avaient coutume de l'être autrefois,
dans les temps malheureux où les peuples
n'étaient jamais consultés par leurs maîtres
et où les guerres étaient provoquées et sou-
tenues dans l'intérêt des dynasties ou de
petits groupes d'ambitieux qui avaient l'ha-

bitude de se servir de leurs semblables comme d'instruments et d'enjeux.

« ... Nous sommes heureux de combattre pour la paix définitive du monde et pour la libération du peuple, sans en excepter le peuple allemand...

« La démocratie doit être en sûreté dans le monde. La paix du monde doit être établie sur les fondements de la liberté politique. »

En s'animant à la lutte, le Président Wilson pourra bien, par la suite, perdre quelques-unes de ces vues de détails, où certains étaient peut-être encore tentés de découvrir quelques vestiges d'utopie, il n'en demeurera pas moins fermement attaché à son principe fondamental et essentiel qu'il veut la même justice pour tous et que ce qu'il cherche ce n'est pas la vengeance, mais l'équité :

« Nous n'avons en vue ni injustice, ni agression, affirme-t-il dans son discours de Baltimore du 6 avril dernier. Nous sommes prêts, au moment du règlement final, à nous montrer juste envers le peuple allemand, à agir loyalement avec la puissance germanique, aussi bien qu'avec toutes les autres... Proposer quelque chose d'autre qu'une justice impartiale et exempte de passion à l'Allemagne en tout temps et quelle que soit l'issue de la guerre, serait renoncer à notre propre cause et la déshonorer, car nous ne demandons rien que nous ne soyons disposés à accorder. »

Mais cette inébranlable fidélité aux principes, bien loin d'être une faiblesse pratique, n'en donne que plus de vigueur aux conclusions.

« Que devons-nous faire alors ? Pour moi, je suis tout prêt, même maintenant, à discuter, à tout moment, une paix équitable, juste et honnête, qui soit proposée sincèrement, une paix dans laquelle le fort et le faible partageront le même sort. Mais la réponse, quand j'ai proposé une telle paix, est venue des commandants allemands en Russie et je ne puis me méprendre sur la signification de la réponse.

«... Il n'y a, par conséquent, pour nous, qu'une seule réponse possible, c'est la force, la force jusqu'à l'extrême, sans restriction ni limite, la force équitable et triomphante qui fera du droit la loi du monde et renversera dans la poussière toute domination égoïste. »

Et le président Wilson ne cesse de répéter inlassablement la grande condition morale de la paix du monde et de préciser devant tous les peuples de la terre la conception supérieure de justice internationale pour le seul triomphe de laquelle les Etats-Unis sont entrés dans la lutte.

« Notre action est absolument désintéressée, et si vous voulez bien étudier l'attitude de notre peuple, vous verrez que rien ne le stimule plus profondément que l'assurance que nous menons cette guerre en ce qui nous concerne pour des objectifs purement idéaux.

« ... L'entière famille des nations aura à garantir à chaque nation qu'aucune nation ne violera son indépendance politique ou son intégrité territoriale. C'est la base — la seule base concevable — de la paix future du monde, et je dois confesser que j'avais l'ambition de voir les Etats des deux continents de l'Amérique montrer au reste du monde le chemin vers cette base de la paix. Aussi longtemps qu'il y a de la méfiance, il doit y avoir des malentendus ;

aussi longtemps qu'il y a des malentendus, des troubles doivent en résulter (1). »

En vérité, ne devons-nous pas être fiers d'un tel allié et de ce que, pour se porter aussi résolument à nos côtés et avec une si violente résolution de vaincre, il n'ait eu, en dehors de toute considération d'intérêt, qu'à se laisser guider par la raison et la lucide et loyale observation des faits ?

A l'autre extrémité du monde, les grands mots sacrés de justice et de droit des peuples à disposer d'eux-mêmes, de paix équitable et de fraternité, retentirent bien aussi et se répandirent en éclats bruyants à travers les vastes étendues de la profonde et mystérieuse Russie. Mais les faibles bolcheviks ne surent pas leur donner, dans la réalité, cet intense relief de vie qui en eût fait autre chose qu'un vain murmure de paroles trompeuses. Ils n'avaient pas assez de force, pas assez de cœur pour cela, et après avoir fait une révolution pour renverser le tsar abhorré, ils ouvrirent traîtreusement, au mépris de la foi des traités,

---

(1) Allocution prononcée à la Maison-Blanche, le 9 juin 1918, par le président Wilson.

5

leur patrie à l'autocratie, autrement redoutable, du Kaiser triomphant. Eux-mêmes,
hélas ! — et c'est là, sans doute, un fait
unique dans l'histoire de la diplomatie, —
furent bien contraints de reconnaître, dans
un document officiel et rédigé par eux, la
honte dans laquelle ils venaient de se jeter :

« Le 4° Congrès extraordinaire sanc-
tionne le traité de paix conclu par nos représentants à Brest-Litowk, le 3 mars 1918,
et approuve l'action du Comité central ainsi
que celui du Conseil des Commissaires du
Peuple qui ont résolu de signer une paix
pénible, forcée et déshonorante. »

Impressionnant parallèle : l'Amérique de
Wilson, la Russie des Bolcheviks !

Quelle dramatique leçon ! Quel enseigne-
ment pour le présent et pour l'avenir !

La liberté, la paix vraie, la fraternité,
faite d'abord d'équité et de respect mutuel,
ce sont des biens d'une valeur si haute que
ce n'est pas trop de les acheter au prix des
plus rudes épreuves, des plus durs sacrifices. Ce ne sont point conquêtes qui revien-
nent aux lâches ; les vaillants seuls sont
capables de les gagner et dignes de les conserver !

IV

L'ENJEU DE LA BATAILLE

Voilà donc, mes chers amis, la lutte gigantesque dans laquelle nous sommes engagés. Voilà la question formidable qui se pose au monde, à laquelle, qu'il le veuille ou non, il lui faut bien répondre :

L'humanité retournera-t-elle en arrière vers la noire brutalité de ces âges anciens où la puissance spirituelle s'ignorait elle-même et où, seule, la force matérielle commandait en souveraine, ou bien la liberté, la justice, le droit des peuples triompheront-ils enfin dans la lumière bienfaisante d'une pacifique victoire ?

J'espère avoir suffisamment prouvé qu'en vérité c'était bien de cela qu'il s'agissait.

Je vous demande, mes chers amis, de réfléchir à ce que serait, non seulement pour la France et pour le monde, mais bien pour nous-mêmes, pour chacun de vous en particulier, une victoire de l'Allemagne, simplement une paix blanche remettant tout en l'état antérieur à la guerre, n'apportant pas de solution au problème posé.

Croyez-vous donc que la ruine de la France, épuisée, appauvrie dans ses plus riches provinces du Nord rançonnées et pillées, sans aucune réparation à la paix, que l'écrasement matériel de notre patrie ne serait pas sentie par chaque Français dans son existence personnelle et vraiment comme jusque dans sa chair ?

Comment espérer qu'après une semblable catastrophe un pays surchargé d'impôts, sans débouchés pour son activité, de plus en plus incertaine, d'ailleurs et hésitante, découragé et anémié, puisse trouver l'énergie d'une résurrection et conserver même le goût de la vie ?

Il ne faut pas que l'horreur de la situation présente obscurcisse notre regard au point de nous empêcher de fixer avec fermeté l'avenir.

Non seulement c'est l'Allemagne qui a déclaré la guerre au monde, mais c'est elle qui lui a imposé le militarisme.

Voyons, mes amis, voulez-vous que, toujours et plus âprement encore après une paix qui ne mériterait en réalité que le nom de rêve, se précipite cette course insensée aux armements qui épuise les forces mêmes de la paix dans la réparation de la guerre ? Voulez-vous que le service militaire absorbe de plus en plus toutes les années actives de la vie des hommes ? Voulez-vous que la liberté individuelle soit chaque jour plus sévèrement restreinte, au risque d'étouffer toute initiative, et cela non pas seulement pendant quelques mois par la nécessité d'un effort courageusement accepté, mais d'une façon continue et pour ainsi dire définitive ? Voulez-vous que tout le sang répandu ait coulé en vain et que nos morts reposent inutilement sous la terre tant de fois remuée des tranchées ou dans les champs en friche de nos campagnes dévastées, enveloppés dans la triste gloire d'un sacrifice stérile, pour que vos enfants soient condamnés, eux aussi, aux mêmes sacrifices et précipités aux mêmes hécatombes ?

... Oh ! je sais, mes chers amis, votre réponse, mais je sais aussi que, pour que cette guerre soit, sinon la fin à tout jamais de toute guerre ici-bas, du moins l'aube d'un temps nouveau, il faut étouffer le mal à sa source même, il faut tuer le militarisme prussien.

Voyez plutôt ! c'est la Prusse qui a condamné l'Allemagne d'abord, puis l'Europe, puis enfin le monde tout entier à son militarisme envahissant et tyrannique.

Ah ! certes, on ne saurait accuser la France... Et même, si elle eût davantage et à temps prévu le péril, si elle n'eût pas diminué ses crédits de guerre alors que nos adversaires les accroissaient, si son artillerie lourde eût été suffisante dès 1914, nous eussions peut-être empêché l'envahisseur de pénétrer chez nous et remporté la victoire avant la défection des Bolchevicks, et aujourd'hui vous seriez dans vos foyers occupés aux travaux féconds qui enrichissent et embellissent la vie humaine... Ce n'est maintenant ni l'heure ni le lieu de récriminer. Mais notre erreur même n'est-elle pas la preuve la plus éclatante que nous sommes, moins que quiconque, responsables d'avoir voulu la dure contrainte de guerre imposée à la société ?

Et cependant les nécessités de la paix armée n'étaient-elles pas déjà pour nous un poids pénible et lourd, dont notre arrogant adversaire écrasait le monde ? L'Angleterre enfermée dans son île et depuis des siècles n'ayant plus de prétentions sur le continent, comptant sur sa flotte pour la protéger contre toute menace, jugeait bien inutile d'avoir une armée puissante. Mais voici qu'elle s'est vue contrainte de renoncer à ses vieilles traditions et, pour s'assurer une force militaire rendue indispensable par la ruée allemande, de sacrifier jusqu'à sa prétention nationale de ne pas avoir besoin de recourir, pour se défendre, comme les autres peuples, au service obligatoire. Elle estima qu'il valait mieux renoncer à cette liberté personnelle qu'à tous les droits et à toutes les libertés auxquels l'Allemagne avait déclaré la guerre.

Et voici maintenant que l'Amérique, séparée de notre vieille Europe par un océan, depuis longtemps résolue à s'en tenir fermement à cette doctrine de Monroë qui, en même temps qu'elle réclamait pour elle le droit de s'occuper seule de ses propres affaires, lui interdisait celui de s'occuper de celles du vieux continent, voici que l'Amérique, à son tour, en présence d'une menace si universelle que, par delà toutes les barrières des mers, elle atteint l'honneur même du monde et le respect des principes sur lesquels repose toute société humaine, s'est vue contrainte de se fabriquer, de toutes pièces, une armée, de mettre ses immenses richesses, en hommes et en argent, à la disposition de l'organisation militaire qu'elle n'avait jamais voulue et que l'Allemagne venait de lui imposer par l'excès même de ses provocations.

Comment n'aurions-nous pas en horreur ce militarisme prussien, cause de tant de ruines matérielles et morales, mur de haine qui bouche les routes de l'avenir, si bien que, tant qu'il ne sera pas abattu, nous sommes condamnés à piétiner dans la boue sanglante du siècle mauvais ? Et malheur, en vérité, à quiconque, parmi nous, trop faible pour garder au cœur une foi constante au tempérament et aux destinées de la France, en viendrait à humilier en secret notre génie national devant la puissante et brutale organisation de l'adversaire et à s'essayer, comme en une sorte de reniement sacrilège, à s'inspirer de son esprit et à tâcher de copier son âme autoritaire et dure ! Ce serait là, à n'en point douter, même si, sous l'effort de la coalition de tous les peuples, elle finissait par être vaincue, la plus belle victoire de l'Allemagne, la plus cynique revanche de sa défaite (1).

Non ! il n'est pas possible que cette guerre ne soit qu'un incident dans l'histoire des peuples. Elle doit être le point de départ d'une ère nouvelle.

Si jamais nous nous sentons près de fai-

---

(1) Nous avons trouvé, dans un article publié avant que les Etats-Unis fussent en guerre avec l'Allemagne et écrit à la demande du *New York Times* sous signature de *Cosmos*, « par une personnalité dont l'autorité serait reconnue dans les deux hémisphères », une opinion si conforme à la nôtre que nous croyons intéressant de la reproduire ici.

« Il y a pourtant une éventualité dans laquelle le militarisme prussien sortirait victorieux de la crise actuelle, quand bien même les armées allemandes auraient été vaincues sur le champ de bataille, ce serait le cas où l'esprit et la politique de ce militarisme se seraient emparés de l'esprit de la Grande-Bretagne ou de celui de l'un quelconque de ses alliés. Qu'importe la langue dans laquelle s'entonne une hymne de haine ? Que ce soit l'anglais ou l'allemand, il n'en est pas moins triste à

blir sous le fardeau écrasant des mois et
des mois qui s'accumulent avec leur poids
de lassitude et de ruines, songeons que ce
serait pitoyable d'avoir tant supporté déjà
pour être contraints de recommencer bientôt, et que jamais peut-être d'ailleurs nous
ne retrouverions de telles conditions de
succès, la révolte de la presque totalité des
Nations contre l'Allemagne et ses complices
asservis.

Nous assistons à la faillite d'une civili-

entendre. On peut, sous prétexte de nécessité nationale, renoncer à la politique libérale et à tout ce
qu'elle implique, mais alors comment se plaindre
du chancelier von Bethmann-Hollweg, s'écriant
pour défendre l'invasion de la Belgique, « Nécessité n'a pas de loi » ? Les Alliés, la Grande-Bretagne tout spécialement, doivent soigneusement
veiller à ce que, pendant qu'elles triomphent du
militarisme prussien sur le champ de bataille, ce
même militarisme ne remporte pas sur elles des
victoires nouvelles autant qu'éclatante, sur le terrain des idées. Ce qu'exige une paix durable au
sujet du militarisme prussien, c'est qu'il soit complètement et définitivement anéanti, d'abord sur le
champ de bataille par les armées alliées, ensuite
par le peuple allemand dans sa politique inté-
rieure, enfin, s'il se produisait de sa part une ten-
tative ayant pour but de conquérir l'esprit de ses
vainqueurs, par les puissances alliées elles-mê-
mes.»

sation, d'un ordre ancien qui a fait ses preuves et qui sombre dans la boue et dans le sang. Le voilà bien le sinistre aboutissement de cette diplomatie secrète, de cette autocratie refusant aux peuples le droit de disposer d'eux-mêmes, de donner seulement leur avis sur ce qui peut, sans même qu'ils y aient pris garde, les envoyer à la mort, de ce rationalisme sans entraille écrasant l'individu, — qu'il eut semblé pourtant devoir exalter, — sous l'omnipotence de l'Ioda

Déjà, de toutes parts, surgissent les éléments d'un Droit nouveau. A la Chambre française, un président du Conseil parle de la Société des Nations, tandis que le président des Etats-Unis pose fermement les bases d'un ordre international, respectueux de l'équité. C'est une profonde et généreuse fermentation. De l'extrême détresse de notre civilisation se déchirant de ses propres mains sortent les espérances les plus fières et les plus hardies... Cette guerre, c'est vraiment une révolution (1). Si nous som-

____

(1) Voici comment s'exprimait M. Paul Deschanel, président de la Chambre des Députés le 4 juillet 1918, à l'occasion de l'*Independence Day*,

mes victorieux, quelles admirables possibilités s'ouvrent pour le monde ! Mais si nous sommes vaincus, c'est, pour des siècles et des siècles, hélas ! la pierre scellée du tombeau qui se referme sur nos aspirations les plus hautes, sur nos rêves les plus purs !...

Comment nous autres, Français, ne serions-nous donc pas remués jusqu'à l'intime de nous-mêmes par de semblables pensées ?... Ne sommes-nous pas les fils de cette nation qui s'est toujours dépensée sans compter pour le reste du monde, qui a toujours poursuivi quel que fût l'idéal qu'elle servît, — que ce fût au temps des Croisades ou de la Révolution, — une cause désintéressée et universelle, et qui n'a jamais été pleinement elle-même que lorsqu'elle se dévouait au salut des autres ?... Aussi un tri-

la fête nationale américaine qui fut solennellement célébrée à Paris :

« Rome a créé le droit, l'Angleterre la liberté civile et la liberté politique ; les États-Unis ont fondé la démocratie moderne; nous avons fait la Révolution de 1789; et voici que ces faits immenses aboutissent au plus grand événement historique de tous les temps, et qu'ensemble nous faisons aujourd'hui ce qu'on peut appeler la Révolution humaine. »

bun, que nul, certes, n'a jamais accusé de chauvinisme et dont la voix éloquente s'éteignit au moment même où celle du canon allait commencer à se faire entendre, Jaurès a-t-il pu dire quelque jour avant l'aube sanglante :

« Si nous étions indifférents à l'honneur, à la sécurité, à la prospérité de la France, ce n'est pas seulement un crime contre la Patrie que nous commettrions, mais un crime contre l'humanité. Car une France, et une France libre et forte, est nécessaire à l'humanité. »

Oui, nous la chérissons notre France, parce qu'elle est, non seulement le sol sacré de nos pères, la terre aimable et privilégiée dont la figure même est une merveille rare et comme un chef-d'œuvre de la création, mais aussi parce que c'est une grande et immortelle idée, une âme qui se donne et qu'on aime.

Comme l'a dit le poète :

Tout homme a deux pays: le sien et puis la France.

Aujourd'hui où, — nous l'avons montré, — non seulement l'avenir territorial et matériel des nations est en cause, mais où deux principes, deux doctrines sont en lutte et où l'enjeu du combat c'est la liberté du monde, il était nécessaire que la France acceptât tout naturellement le poids le plus lourd des épreuves et des sacrifices. C'est là son honneur et sa tradition.

Et nous, Français, si nous voulons sauvegarder l'avenir et les profondes espérances de justice et de fraternité qui habitent nos cœurs, sauvons d'abord la France !

Après la Victoire

JANVIER 1919

Mes chers amis,

Le onze novembre dernier, sous une petite pluie grise et triste, trois voyageurs, revêtus de l'uniforme des officiers allemands, descendaient à la petite ville d'Arnhem, station-frontière de Hollande. Ils furent reçus par le Commissaire de la province d'Utrecht. L'un des trois étrangers, qui semblait être le personnage le plus important du groupe, comme on lui demandait son nom, répondit : « Je suis le comte Guillaume de Hohenzollern. »

Et voilà comment celui qui s'était cru le Maître de la Terre, le Grand Seigneur de Guerre, l'Envoyé de Dieu, celui en la mission de qui il faut croire sous peine de mort, comme il le disait lui-même à ses soldats du front oriental en 1914, venait aujourd'hui, humblement, chercher asile dans un petit pays neutre et supplier qu'on l'oubliât, qu'on lui laissât le droit de vivre obscurément dans quelque coin ignoré, en simple particulier qui n'a rien fait, rien voulu, rien compris, qui est ignorant et inconscient de tout ce qui s'est passé.

Il faut, mes chers amis, vous souvenir aujourd'hui de ce que fut l'Empereur germain, le Kaiser superbe et omnipotent, pour bien sentir, en présence d'une telle déchéance, toute l'extraordinaire ampleur de la victoire.

Mais il y a peut-être quelque chose de plus caractéristique encore. Voici que trois jours auparavant, le 8 novembre, le chancelier Max de Bade s'exprimait ainsi dans sa proclamation :

« La victoire que beaucoup espéraient ne nous fut pas accordée ; mais le peuple allemand a remporté un plus grand succès : il a remporté une victoire sur lui-même et sur sa croyance au droit de la force. »

Eh quoi ! en août 1914, un autre chancelier, Bethmann-Hollweg, ne voyait dans les traités, même les plus authentiques, que de vulgaires « chiffons de papier » et proclamait solennellement le droit souverain de la force ! Que l'on compare le changement de langage, que l'on mesure le chemin parcouru et l'on appréciera du même coup le poids décisif de la victoire de la France et de ses Alliés. Car, enfin, c'est bien parce que nous sommes vainqueurs, parce que l'Allemagne a le sentiment très net de son irrémédiable infériorité, qu'elle prend tout d'un coup un autre ton, qu'elle se donne un autre visage, qu'elle se convertit brusquement.

Quelle valeur morale donner à une telle conversion ?... En tous cas, nous ne pouvons pas ne pas constater que, malgré les apparences contraires, l'Allemagne d'aujourd'hui, comme celle de 1914, reste toujours étrangement fidèle à son principe et à son culte, celui de la force. Quand elle se croyait la plus forte, elle se montrait hautaine et arrogante envers ceux qu'elle estimait une proie facile ; maintenant qu'elle a rencontré devant elle une force plus forte que la sienne, nécessairement, logiquement, elle s'incline et s'abaisse. Dans sa hauteur d'hier comme dans son humilité d'aujourd'hui, il n'y a, répétons-le, que deux manifestations, au fond identiques, de sa même persistante religion de la force à laquelle, envers et contre tout, et quoi qu'il lui en puisse coûter, elle demeure obstinément fidèle.

Il n'en reste pas moins constant que cet extraordinaire renversement est dû à la vaillance opiniâtre des défenseurs du Droit et de la Justice, qu'il apparaît aujourd'hui que M. Wilson avait raison de réclamer que l'on mît « la force, toute la force » au service de la Cause sacrée, et le prodigieux bouleversement des choses, tel que les plus optimistes même, il y a quelques mois, se fussent refusés à admettre une issue si prompte, un triomphe si absolu, peut servir à mesurer l'intensité et la qualité de l'effort qui fut nécessaire aux vainqueurs.

...Et voici, mes chers amis, que ce n'est pas sans une sorte d'émotion et comme de timidité en face de l'immense victoire que je prends maintenant la parole devant vous, alors que tant de fois, au cours de ces rudes derniers mois de guerre et presque sur tout le front, je m'étais habitué à tendre les énergies de nos soldats vers le but, à maintenir, malgré toutes les apparences, leur invincible foi en la victoire finale... Aujourd'hui, nous en tenons le fruit si longtemps convoité dans des mains qui ne le lâcheront plus, mais il est impossible que l'allégresse de nos cœurs nous empêche de songer aux deuils rédempteurs par où la France fut sauvée et de rendre hommage aux morts sacrés qui ont connu la peine sans connaître la gloire, à tous ceux aussi qui, en des temps qui nous semblent déjà si lointains et où, certes, il y avait bien quelque mérite à le faire, n'ont pas désespéré de la France, à Gambetta, à Scheurer-Kestner, à Déroulède, mort hélas ! avant d'avoir entendu de ses oreilles de chair l'appel du clairon libérateur, à de Mun qui tomba le cœur frappé par l'âpre blessure des premiers désastres, mais plein d'indéfectible foi en la patrie.

Et maintenant, vais-je chanter un hymne à la victoire, célébrer la sublime beauté de notre France saignante mais couronnée de lauriers, magnifier les combattants de la grande guerre ?... Non, non, ce serait là tâche trop aisée et vraiment inutile, puisqu'aussi bien que moi, sans doute, chacun de nous peut trouver en lui-même les accents qui conviennent. J'aime mieux, m'adressant à votre raison, à votre bon sens, me contenter de chercher avec vous, non plus seulement quel était l'enjeu de la guerre et ce qui fut arrivé si nous avions été vaincus, mais, bien plutôt encore, de quels devoirs nouveaux la victoire charge nos consciences.

I

LE PÉRIL MORAL DE LA VICTOIRE

Ai-je besoin de vous rappeler que cette
guerre la France ne l'a pas voulue, qu'elle
a tout fait pour l'éviter et que non seulement c'est l'Allemagne qui l'a déclarée à la
France et au monde, mais surtout que c'est
elle qui, par son militarisme même, l'avait
rendue tôt ou tard inévitable. Si elle eût été
victorieuse, la croyance au droit souverain
de la force brutale se fût affermie partout,
peut-être pour des siècles. En même temps
que la France diminuée matériellement et
moralement, vraiment écrasée, sinon presque anéantie, c'eût été la faillite des idées
les plus nobles et les plus généreuses car,
en vérité, suivant l'expression même de

Guillaume II, il s'agissait bien là « d'une lutte entre deux conceptions du monde ».

Assurément, il importe de ne pas oublier, dans l'allégresse de la victoire, les épreuves passées et quel redoutable danger nous avons couru. Mais, à parler franchement, je dirais que si, naguère, nous étions menacés d'un péril militaire, aujourd'hui c'est un péril moral qui nous menace. Le premier est heureusement et définitivement écarté ; le second trouve sa force dans la grandeur même de notre triomphe.

Quel est donc ce péril nouveau ?

Il consisterait en ce que maintenant que nous sommes vainqueurs nous oubliions les pensers qui firent notre beauté et notre force au temps de l'épreuve (1). Nous ne

----

(1) Faut-il rappeler ici, aujourd'hui, quelques-unes des affirmations les plus nettes et les plus généreuses du Président Wilson qui furent, au moment où il les formula, unanimement acceptées par les Alliés :

« Nous sommes heureux de combattre pour la paix définitive du monde et pour la libération des peuples, sans en excepter le peuple allemand. » (Message au Congrès 12 avril 1917).

« Nous n'avons en vue ni injustice, ni agression. Nous sommes prêts, au moment du règlement final,

saurions trop le répéter, si, oublieux de nos sublimes promesses, de celles autour desquelles se groupèrent, en 1914, indistinctement les hommes de toutes les opinions politiques ou sociales, de toutes les convictions morales ou religieuses, nous nous laissions aller, entraînés par un désir de haine et de vengeance, aux malsaines sollicitations d'un impérialisme de conquête et d'oppression, nous trahirions nos morts eux-mêmes qui n'ont pas répandu leur sang pour cela et nous assurerions la certaine revanche à un ennemi que nous n'aurions vaincu militairement qu'afin de reprendre à notre compte, d'assurer à notre profit ses propres desseins, c'est-à-dire, quoi qu'il en puisse paraître, de faire triompher son esprit contre le nôtre.

C'est ce qu'au lendemain même de l'ar-

à nous montrer justes envers le peuple allemand, à agir loyalement avec la puissance germanique aussi bien qu'avec toutes les autres... Proposer quelque chose d'autre qu'une justice impartiale et exempte de passion à l'Allemagne, en tout temps et quelle que soit l'issue de la guerre, serait renoncer à notre propre cause et la déshonorer, car nous ne demandons rien que nous ne soyons disposés à accorder. » (Discours de Baltimore, 6 avril 1918).

mistice semblent avoir compris qu'il fallait bien indiquer les chefs mêmes de l'Entente. M. Clemenceau tint à affirmer dès le premier instant que c'était pour la liberté, non pour la conquête, qu'avait combattu la France. Voici comment s'exprimait Lloyd George le 13 novembre 1918 dans la réunion de Downing-Street :

« Les conditions de paix doivent nous laisser un sentiment de justice. Il faut qu'inexorablement nous repoussions toutes les tentatives de faire dévier les gouvernements des stricts principes de justice.

« ...Nous irons à la Conférence de paix pour garantir que la Société des Nations est une réalité. »

Dès le 12 novembre 1918, au Congrès des Etats-Unis, le président Wilson tenait à rappeler le but même pour lequel sa nation était entrée en guerre :

« Nous savons aussi que le but de la guerre est atteint, ce but que tous les hommes libres s'étaient assigné, et qu'il a été atteint si complètement que, même à présent, nous ne nous en rendons pas compte. L'impérialisme que concevaient les hommes qui, hier encore, étaient les maîtres de l'Allemagne, est arrivé à sa fin, ses ambitions se sont abîmées en un sombre désastre.

« Qui cherchera maintenant à le faire revivre ? »

« ...Les grandes nations qui s'associèrent pour le détruire se sont maintenant définitivement unies, dans le but commun de conclure une paix qui satisfasse le grand désir de justice désintéressée du monde entier, prenant corps en des arrangements qui sont basés sur quelque chose de beaucoup meilleur et de bien plus durable que les intérêts égoïstes et opposés des puissants États. »

Et il ajoutait cette maxime que je vous demande, mes amis, de retenir fidèlement dans vos mémoires et de garder comme un durable programme d'action :

« Vaincre par les armes, ce n'est que faire une conquête temporaire ; vaincre le monde en gagnant son estime, c'est faire une conquête permanente. »

D'ailleurs, aujourd'hui, l'heure est décisive. Cette guerre est la plus universelle, la plus effroyable que l'humanité ait jamais connue. Si, après le triomphe des Alliés, rien n'est changé dans le monde, je ne crains pas de dire que c'est en vérité la faillite de la victoire. Il ne suffit pas que l'Allemagne soit vaincue, que le militarisme prussien soit réduit à l'impuissance. Il faut que partout, en quelque lieu que ce soit, la vieille politique autocratique et militariste soit écrasée en même temps que l'État qui en était la vivante et triomphante incarnation. Dans le discours qu'il prononçait à la Chambre des Communes, pour annoncer la signature de l'armistice, Lloyd George disait :

« Ainsi, à onze heures, ce matin, s'est terminée la guerre la plus cruelle, la plus terrible, qui ait affligé l'humanité. J'espère que nous pouvons dire que cette matinée mémorable a vu la fin de toutes les guerres. »

C'est bien en effet de cela qu'il s'agit. Nous avons fait non seulement la guerre à l'Allemagne, mais la guerre à la guerre. Nous avons acquis, au prix des sacrifices les plus extrêmes, le droit de réclamer maintenant qu'un monde nouveau sorte de l'écroulement de l'ancien. Plus de diplomatie secrète, plus de monstrueux armements épuisant les forces vives des nations, une large fraternité entre tous les peuples, des liens de droit se substituant entre eux aux contraintes extérieures de la seule violence. Partout la volonté d'établir la justice au profit du faible aussi bien que du fort. Ces rêves que l'on pouvait hier encore qualifier de lointaines et décevantes chimères, voici que maintenant, peut-être, nous les touchons enfin du doigt. L'occasion est unique. Le vieil abcès malsain est crevé, l'humanité vient de subir la plus redoutable opération chirurgicale. Va-t-on donc avoir le triste courage de recoudre les chairs ouvertes sans avoir enlevé les germes de décomposition et de mort, enfin mis à nu et atteints dans leur profondeur même ?

En vérité, n'est-ce donc pas là l'idée même de cette Société des nations dont il peut bien apparaître que la conception est encore imprécise et la réalisation pratique difficile, mais vers laquelle il faut qu'on s'achemine d'une façon ou de l'autre sous peine de manquer le but et de se résigner au plus lamentable des avortements.

Ayons le courage, mes chers amis, d'aller

6.

plus loin et de dire qu'il faut non seulement
que soient réparées les injustices commises
par nos ennemis contre les peuples qu'ils
opprimaient mais que c'est un devoir impérieux pour les Alliés de faire eux-mêmes en
toute sincérité leur propre examen de
conscience et, s'ils rencontrent chez eux
quoi que ce soit qui ne leur apparaisse pas
en conformité avec le haut idéal d'équité
pour lequel ils ont combattu, de le rectifier,
de le réparer aussitôt, sans hésitation et
sans délai. Comment, par exemple, aurions-
nous le droit de songer à la Pologne, à l'Alsace-Lorraine, au Schleswig-Holstein, à
l'Arménie et au Liban si, — et M. Lloyd
George lui-même a, récemment, laissé entendre son sentiment à ce sujet, — nous
continuions à fermer obstinément les yeux
sur la douloureuse question de l'Irlande ?

Sans doute, il n'est que trop légitime de
réclamer de ceux qui ont allumé la guerre
des réparations et des garanties et je me
tiens assuré que nous n'y manquerons pas,
mais ce serait pécher contre notre propre
cause que de rien faire par esprit de vengeance et de haine, que de ne pas garder
en toute occasion, qu'il s'agisse de nous ou

de nos adversaires, le sentiment inflexible de l'équité.

Et maintenant, mes chers amis, pour que cette transformation internationale du monde, pour que cette Société des Nations soit possible, ne sentez-vous pas qu'il est nécessaire que cette justice, qu'il s'agit de réaliser entre les nations, commence par l'être au sein de chaque peuple, entre les individus eux-mêmes. La Société des Nations n'est vraiment réalisable qu'entre Etats arrivés à un certain degré de maturité politique et sociale et voilà comment, à n'en point douter, le grand et sublime effort vers la paix du monde ne peut être dissocié du travail intérieur des Etats vers un ordre social meilleur et plus fraternel. Rien de surprenant donc à ce que, surtout dans l'intérieur des Etats les plus autocratiques, de ceux qui entendaient étouffer le plus brutalement toute manifestation de vie et de pensée populaires, des mouvements violents et le plus souvent désordonnés fassent craquer brutalement l'écorce oppressive de la vieille société. Les excès, même les plus détestables, des révolutions, ne doivent pas tuer notre confiance en l'avenir. Si la Révolution déchaînée en Russie par les Bolcheviks a fait plusieurs milliers de victimes, avons-nous cependant le droit de négliger que c'est par millions que la grande guerre, produit de l'ordre ancien si brillamment incarné par le militarisme prussien, a condamné des soldats à mort. Une société qui a pu préparer et réaliser les horreurs que nous venons de traverser durant quatre ans et demi a fait vraiment ses preuves. Quel homme raisonnable et humain ne considérerait comme un devoir urgent et primordial de la liquider pour empêcher le retour du crime ?

Aussi bien, je ne prétends point que, malgré l'immense bouleversement de la guerre, la véritable Société des Nations pourra surgir en un jour des ruines sanglantes du monde ancien ; je dis seulement que l'utilité s'en est imposée aux esprits même les plus prévenus et qu'il faut, d'une façon ou de l'autre, commencer immédiatement quelque chose qui soit une franche et loyale innovation, non un hypocrite replâtrage du vieil édifice des coalitions et des alliances.

Voici qu'autour du tapis vert de la Conférence de la paix les plénipotentiaires des puissances alliées, en des assises que l'on aurait sans doute pu souhaiter moins discrètement closes, jettent les bases de la grande paix future. Encore qu'ils ne jugent pas à propos de réclamer d'une façon précise l'avis et le conseil des peuples, il n'en est pas moins vrai que leur œuvre ne sera solide et durable que si elle est l'expression de la profonde pensée des Nations. C'est donc en somme à l'opinion publique, c'est-à-dire, d'une certaine manière, à chacun de nous, de soutenir, de presser, de diriger les décisions des diplomates de la paix qui demeureront vaines et impuissantes si elles ne traduisent pas les sentiments véritables des peuples eux-mêmes.

Quant à moi, et quelque légitimes que puissent être certaines appréhensions, et encore que le péril moral que je vous ai signalé soit peut-être plus redoutable parce que plus subtil et plus caché que le péril militaire d'autrefois, je ne saurais me résoudre à n'avoir pas confiance. Non, non ! ce ne saurait être en vain que pendant quatre ans et demi nous avons tant travaillé, tant souffert, avec une si étonnante ténacité, que le meilleur de notre sang a coulé inlassablement, que l'humanité a subi cette effroyable et mystérieuse rédemption. Il faudra bien qu'il y ait quelque chose de changé dans le monde !

II

LE DEVOIR DES VAINQUEURS

Ce serait cependant, mes chers amis, une grande et fatale erreur de supposer que, maintenant que nous sommes victorieux, la France va nécessairement et comme inéluctablement devenir forte et prospère. La victoire militaire ouvre devant nous de merveilleuses possibilités de développement : à elle seule, elle ne les réalise pas. Je suis de la génération née immédiatement après la guerre. J'ai le sentiment très net de ce poids lourd et mauvais que nous sentions peser sur nos jeunes énergies au moment même où la vie nous poussait ardemment vers l'avenir : c'était le poids de la défaite, la pierre fatale qui nous bouchait l'horizon et contre laquelle nous avions l'impression d'aller nous briser quand nous nous élancions en avant... Eh bien, aujourd'hui, cet obstacle n'existe plus ; la vieille douleur humiliante est abolie ; rien ne nous arrête plus...

Mais encore est-il que, si nous voulons avancer, il faut que nous soyons résolus à marcher. En rentrant chacun chez vous après votre démobilisation, vous direz-vous : « Enfin, voici qu'on me laisse tranquille !... J'ai fait la grande guerre. Je suis un héros ; c'est entendu... J'ai bien mérité l'estime, l'admiration de tous et qu'on m'étouffe de palmes et de lauriers... Mais maintenant, voilà assez d'héroïsme ! Je vais tâcher de m'embusquer bien commodément dans quelque coin, — certains ne l'avaient-ils pas déjà tant bien que mal tenté pendant la guerre ? — Je vais essayer d'en faire le moins possible... N'en ai-je pas bien le droit après tout ; n'ai-je pas assez souffert pendant quatre ans et demi ?... Et surtout que personne ne vienne me déranger ! » Hélas, si vous raisonnez ainsi, je crains bien que vous ne stérilisiez le triomphe et que votre apathie ne finisse par vaincre la victoire elle-même. Dans une interview qu'il donnait peu de temps après l'armistice à un journal anglais, M. Clemenceau ne signalait-il pas, non sans amertume, les difficultés qui surgissaient devant la France victorieuse ? Lui, l'implacable pourchasseur des *défaitistes* tant qu'il s'agissait de se battre, il ne craignait plus maintenant, une fois le combat terminé, d'insister avec quelque amertume sur la dureté de la tâche nouvelle qui allait s'imposer à notre pays.

C'est qu'en effet, mes chers amis, il faut que vous réfléchissiez à ceci.

On peut bien réclamer à l'Allemagne des réparations, lui demander ses canons et ses sous-marins, exiger qu'elle nous livre des wagons, des machines agricoles, des outils, du charbon, de l'or, de la main-d'œuvre même pour réparer nos ruines : il y a quelque chose, hélas ! qu'elle sera toujours impuissante à nous rendre, quelque chose qui ne nous sera jamais rendu ici-bas.

...Ils sont un million et demi, ceux de nos camarades, de nos frères qui, ayant connu comme nous les heures longues et mauvaises de l'épreuve, n'ont pas senti avec nous le frisson de la victoire : ils reposent dans ces humbles cimetières militaires que vous

7

connaissez bien et qui se cachent partout,
au milieu d'un champ, au coin d'un bois,
dans quelque pauvre repli de terrain, tout
le long de l'immense ligne de bataille ; ou
bien, n'ayant même pas pour les protéger la
modeste croix de bois où le nom s'efface
sous le ruissellement de la pluie ou la
morsure du soleil, ils sont recouverts par
l'herbe sans gloire d'une terre ignorée, ou
mêlés, près de quelque réseau de fil de fer
abandonné, à la boue anonyme et sanglante
des tranchées.

Un million et demi dont le deuil demeure,
assombrit les chants de triomphe, dont le
souvenir met une tenace douleur à la gloire
même de la patrie ressuscitée par tant de
trépas ! Un million et demi dans un pays à
faible natalité, dans lequel, à de certaines
années déjà avant la guerre, il y avait plus
de décès que de naissances !... Et ceux qui
sont morts ainsi, ce ne sont pas des vieillards sans force, des malingres, des faibles
de corps et d'âme. Non ! c'est l'élite même
et la fleur de notre jeunesse qui est tombée,
ce sont les plus robustes, les plus coura-
geux, ceux qui ne cherchaient pas à s'embusquer et qui tenaient jusqu'au bout, ceux

qui, certes, après la guerre, eussent eu les enfants les plus vigoureux et les plus sains, ce sont les meilleurs enfin. Les embusqués, ceux qui se sont prudemment et silencieusement terrés au moment du danger, ceux-là, ne craignez rien, nous les reverrons tous surgir, une fois la paix signée, et pérorer dans les meetings avec des gestes provocants et des exaltations verbales. Oui, la guerre moderne, — on ne saurait trop le répéter, — c'est bien aussi comme les autres fléaux, comme la peste et le choléra, une sélection, mais c'est une sélection à rebours.

Ce n'est pas tout encore. Pendant ces quatre années et demie de guerre la population civile elle-même a vu croître dans d'effrayantes proportions le nombre des décès, tandis que s'affaissait de la façon la plus alarmante celui des naissances. C'est ainsi que, sans tenir compte des soldats tués, le nombre des naissances est inférieur, pendant toute la durée de la guerre, à celui des décès de deux millions environ. Donc c'est une décroissance de population de trois millions et demi d'habitants que nous sommes contraints d'enregistrer.

...Alors, mes chers amis, quel est votre devoir présent ?

Vous garder, vous que la guerre a épargnés, vigoureux et sains de corps et d'âme afin d'assurer la force et la fécondité de la Patrie. A quoi servirait, en effet, la victoire de la France s'il n'y avait plus de Français ?

Vous devez travailler et pour vous et pour ceux qui ont donné leur vie afin qu'il vous soit possible d'assurer la grandeur de la France.

Mais ici, mes chers amis, laissez-moi vous parler avec une brutale franchise et vous signaler les deux fléaux qui s'opposent au développement de la race française : l'alcoolisme et la débauche.

Je le sais, si l'on veut des familles nombreuses il faut qu'une sage législation vienne empêcher que ce ne soit, dans trop de cas, une ruine pour une famille de mettre au monde ceux qui doivent assurer la richesse du pays. Cette réforme législative s'impose : plus que jamais maintenant elle est urgente. Mais, à n'en point douter, ce qu'il faut sans doute avant tout, c'est une réforme morale, et si l'on veut non seulement que la France ait de nombreux enfants, mais que ceux-ci soient vigoureux et énergiques, encore une fois, on doit lutter contre les deux fatales causes de l'épuisement de la race : l'alcoolisme et la débauche, qui préparent d'ailleurs un merveilleux terrain de culture à cet autre ennemi : la tuberculose.

Je causais, il y a quelque temps, avec mon ami, M. Justin Godart, alors sous-secrétaire d'Etat au Service de Santé. Il me signalait, non sans tristesse, quels extraordinaires et nouveaux ravages faisaient, depuis la guerre, l'alcoolisme et la syphilis.

Mon rôle ici n'est de vous faire ni un cours de médecine ni un sermon, mais j'ai le devoir de vous dire, comme à des camarades, comme à des amis, tous responsables de l'avenir de la France :

« Prenez garde ! l'alcoolisme et la débauche, ce sont deux crimes, deux faiblesses, — appelez cela comme vous le voudrez, — qui ont ce caractère commun d'être lâches, puisque ce ne sont pas ceux-là seulement qui s'en rendent coupables qui sont appelés à en supporter les douloureuses conséquences, mais d'autres aussi, innocentes et misérables victimes, qui n'ont pas demandé à venir au monde et qui portent en naissant les horribles tares physiques, châtiment des fautes de leurs pères. »

Il faut que vous ayez le courage de regarder la question bien en face : il y va non seulement de votre bonheur à vous, mais du salut même de la France.

L'héroïque effort de cette guerre victorieuse a porté notre Patrie à un si haut degré d'honneur devant le monde tout entier, que ce serait vraiment pitoyable si, par notre faute, la France retombait de ces sommets dans un abaissement dont nous serions tristement responsables. Il n'est pas de pays qui ait plus souffert que le nôtre pour le triomphe du Droit et de la Justice, qui ait plus généreusement saigné, qui ait vu plus de ruines irréparables s'accumuler sur son sol, merveilleusement riche de cités historiques et d'admirables œuvres d'art, qui ait été plus désintéressé, plus oublieux de soi-même, plus résolu à se sacrifier à un haut idéal moral. Une telle noblesse engendre d'impérieux devoirs. Oseriez-vous les méconnaître et renoncer à tout ce qui fait, devant le monde et devant l'histoire, la grandeur et la beauté de la France ?

Dans la séance de la Chambre où il avait tenu à rendre d'abord compte aux représentants du peuple, des extraordinaires conditions de l'armistice que l'Allemagne acculée s'était vue contrainte d'accepter, M. Clemenceau commença, lui qui avait naguère senti l'humiliation du traité de Francfort, lui qui, déjà député alors, avait mis son nom au bas de la protestation indignée de ceux qui refusaient de se soumettre, M. Clemenceau commença, dans une émouvante improvisation, par évoquer tout ce passé cruel désormais aboli, ainsi que l'image de ses anciens compagnons, moins heureux que lui, puisqu'ils n'avaient pas pu réaliser au déclin de leurs jours le rêve de toute une vie ; puis il rendit hommage aux artisans glorieux de la Victoire, aux « Poilus de la guerre » ; enfin, comme si son regard prophétique eût dépassé le présent et se fût fixé sur l'avenir, dans une ardente invocation, il tint à saluer ceux qu'il désigna sous le nom de « Poilus de la Paix ».

Les « Poilus de la paix » ? Qu'est-ce donc que cela ? Faut-il y voir seulement une de ces expressions pittoresques, un de ces amusants et spirituels paradoxes dont notre

Premier, qui ne saurait oublier qu'il fut et reste un journaliste de talent, a l'amusant secret ? Non, non, mes amis, c'est bien là au contraire une pensée sérieuse et profonde entre toutes !

Le « Poilu de la paix » mais qu'est-ce donc en vérité, sinon celui qui, après avoir accompli son devoir pendant la guerre, et redevenu citoyen, garde, dans les travaux de la paix, quelque chose des rudes et mâles vertus apprises ou retrouvées pendant la guerre, de cette endurance, de cette ténacité que rien ne lasse, de cette large et souriante fraternité qui se traduit, non pas en discours boursouflés, mais en actes quotidiens et familiers ?

Vraiment, quand nous serons rentrés chez nous, et que chacun, dans nos provinces, nous retrouverons nos foyers et nos métiers, aurons-nous le triste courage de recommencer à nous méconnaître, à nous combattre, à nous haïr, et, une fois la paix revenue entre les nations, à nous faire la guerre cruellement entre nous, les vainqueurs ?

Oh non ! il ne faut pas que cela soit possible !... Eh quoi ! au plus fort de nos discordes civiles ne suffira-t-il pas, pour désarmer deux adversaires qui allaient s'entredéchirer, qu'ils se reconnaissent tout d'un coup et se disent : « Tiens, mais n'étions-nous donc pas ensemble à Ypres ou à Verdun, dans les tranchées de Tahure, à Suippe ou à la Main de Massige ? »

Il ne s'agit pas, bien entendu, de renoncer aux luttes fécondes des idées et de n'avoir plus ni programmes, ni partis. Il s'agit seulement de se souvenir que, pendant quatre ans et demi, la France tout entière a souffert pour une grande Cause et qu'il y a des façons de se combattre dans la vie civique indignes de ceux qui ont lutté ensemble pour la liberté du monde.

Il faut que l'immense leçon de la guerre porte ses fruits. Il faut que la France, après avoir été le chevalier sanglant du Droit sur les champs de bataille contre les tenants de la force brutale, devienne maintenant le rayonnant apôtre de la Fraternité et de l'Amour dans le monde. Mais encore une fois, mes amis, vous avez un rôle personnel à remplir . Oui ! la France sera ce que vous la ferez. Je le sais, il peut parfois sembler plus dur de donner au pays sa vie jour par jour, heure par heure, et comme goutte par

goutte, que de la sacrifier d'un seul coup
dans un combat ; mais cet héroïsme-là ne
sera pas, lui non plus, au-dessus de votre
vaillance. Soldats, vous avez versé sans
compter votre sang pour sauver la France :
citoyens, vous ne lui marchanderez pas vos
énergies pour la faire triompher dans la
Paix.